高校野球と鉄道

100年を[illegible]をひもとく

矢野吉彦
Yano Yoshihiko

交通新聞社新書 175

はじめに

夏の全国高等学校野球選手権大会と春の選抜高等学校野球大会。この2つの大会は100年以上前の創設当初から鉄道と深く結びついてきた。それは、両大会の舞台となってきた球場の変遷を見れば一目瞭然だ。詳しいことは本文に記すが、要約すれば次のような経緯をたどった。

まずは、1915（大正4）年に夏の大会の前身、「全国中等学校優勝野球大会」が豊中グラウンドで産声を上げる。同グラウンドは阪急電鉄（当時は有馬箕面電気軌道）が建設したもの。日本で初めての〝全国大会〟はいきなり人気を呼んだ。人気になりすぎて、開業間もない阪急は観客をスムーズにさばき切れなかった。

2年後の1917（大正6）年から、大会の会場は阪神電鉄沿線の鳴尾に移った。そこでは、明治末期の一時期、馬券発売を伴う競馬が開催され、多くの観客を集めた。その輸送に大活躍したのが阪神だった。もともと阪神は、西宮神社〝十日戎《とおかえびす》〟の参拝客輸送を通じて、大挙して押し寄せる利用客をさばく経験を積んでいた。それが競馬開催の時に活かされ、さらに中等学校野球大会の観客輸送にも発揮された。大会期間中、新聞は煽るように結果を報じ、試合をナマで見た人たちは口コミでそのおもしろさを周囲に伝えていく。まだラジオもない時代だったにもかかわらず、大会の人気は回を重ねるにつれて高まっていった。阪神は増え続ける観客を運び続けたが、とうとう鳴尾では狭いというところまで来てしまった。

そこで阪神は、中等学校野球大会の開催を見据えて巨大な運動場を建設する。わずか5カ月ほどの突貫工事の末、1924（大正13）年8月、甲子園大運動場、今の阪神甲子園球場が開場した。収容人員約5万人。これほどの規模を持つスタジアムは、当時の日本にはなかった。第10回の夏の大会はここで開催され、4日目には球場が満員になった。翌1925（大正14）年からは、前年に名古屋で始まった春の選抜大会も甲子園で開催されるようになる。以来、甲子園と中等学校野球、今の高校野球は、切っても切れない間柄となった。言い換えれば、阪神電鉄と高校野球が固い絆で結ばれてきたわけだ。

高校野球と鉄道の結びつきはこれだけにとどまらない。大正初期の全国大会創設時から、各地の出場校は鉄道（または船）を利用して開催地の大阪、兵庫に遠征してきた。鉄道の発達があったからこそ、大会の主催者は全国からチームを集められた。選手たちは多くの人に見送られて地元の駅をたち、好成績を上げたチームは熱狂的な出迎えの中、故郷の駅に凱旋した。かつてはその駅から盛大なパレードが始められたこともある。さらに、ひと昔前までは応援団を輸送するための団体臨時列車が全国各地と大阪を結んで運転されていた。高校野球と鉄道は１００年以上にわたって互いを結びつける糸を紡いできたのだ。

高校野球の歴史には、日本の鉄道発達史が反映されている。また、鉄道の発達とともに、高校野球の歴史も塗り替えられてきた。少々大げさな表現かもしれないが、本書をお読みいただければ、それが必ずしも大げさではないことに気がつかれると（勝手に）思っている。

幼い頃から鉄道好きだった私が、いつの間にかアナウンサーという職業を目指すようになり、願い叶ってその職に就けたのも、実は高校野球のおかげだ。そんな私に本書の執筆を持ちかけてくださった交通新聞社の上杉泉さんには深く感謝申し上げる。そして、インタビューに応じていただいた仙台育英野球部ＯＢの志賀大智さんとあの三沢高校のエース・太田幸司さん、その手がかりを作ってくださった朝日新聞社の有吉正徳さんら記者の方々、甲子園駅の取材にご協力いただいた阪神電鉄広報のみなさんにも感謝の意を表したい。もちろん、他にもさまざまな方々のお世話になった。本書の上梓にたどり着けた今、感謝の気持ちで一杯になっている。

あらかじめお断りしておくが、本書の記述には、横道に逸れたり、掘り下げが不十分になったりしたところが多々ある。また、参考資料が少なく、推測するしかなかった部分も多い。でもそこは何とぞご容赦のほどを。

今年、2024(令和6)年は阪神甲子園球場開場100周年、選抜高等学校野球大会創設100周年にあたる。多くの方々の後押しがあって上梓できた本書を、長い歴史を重ねてきた高校野球と節目を迎えた甲子園球場に、そして、これまで行われてきたすべての試合を戦ってきた選手、監督をはじめとする関係者、応援団の方々に、さらに、それを陰で支え続けてきたすべての鉄道従事員のみなさんに捧げる。心からの敬意を込めて。

2024年2月

〈本文中の敬称は一部を除きすべて省略した。また、新聞、雑誌、書籍などから引用した文章は旧漢字を新漢字に書き換え、一部に句読点を加えた。〉

高校野球と鉄道――目次

※本書に掲載している写真は、特に注記したものを除き交通新聞社の撮影・所蔵です。

序章

仙台育英　悲願の〝白河越え〟

２０２２（令和４）年8月23日午後2時17分ごろ、東北新幹線「はやぶさ・こまち25号」が栃木と福島の県境付近を通過した。同列車には、第１０４回全国高等学校野球選手権大会の優勝校・宮城代表仙台育英高校の野球部一行が乗車していた。前日に行われた同大会の決勝戦で山口代表下関国際高校を下して優勝した選手たちだ。

夏の全国高等学校野球選手権大会は、１９１５（大正４）年に全国中等学校優勝野球大会という名称で始まった。その後、１９２４（大正13）年には春の選抜中等学校野球大会が始まり、選抜高等学校野球大会として今に受け継がれている。夏は１００年以上の歴史を有し、春は２０２４年に１００周年を迎える両大会を通じて、東北地方の高校が日本一の座に就いたのはこれが初めて。彼らは、深紅の大優勝旗を携え、東海道新幹線「のぞみ２１８号」に京都から乗車した。出発は23日の9時30分。東京には11時45分に着き、同駅から13時20分発の東北新幹線「こまち25号」14号車に乗り込んだ。

東北新幹線の那須塩原と新白河の間、栃木・福島県境をまたぐ地点の南東約10数kmのところに〝白河の関跡〟がある。東北本線の栃木県内最北の駅・豊原からは東に約9km、県境からは3kmほど福島県側に入ったところだ。その名のとおり、そこにはかつて関所、つまり〝国境検問所〟が置かれていた。

白河市のホームページによると、5世紀前半に〝関〟が置かれたことを示す古文書があるが、〝国境検問所〟として機能していたのは9世紀頃までで、10世紀頃からは「歌枕として都人の憧憬の地へと変化」した、という。歌枕は、和歌に詠まれる名所旧跡のこと。〝白河の関〟以北が〝みちのく〟で、それを越えることが遠い国へと旅立つ象徴となった。

そんな旅情を感じさせる場所が、明治維新以降、ちょっと違う意味合いを持つようになる。戊辰戦争直後、官軍が東北地方を〝戦いに敗れた人々が住む場所〟とさげすみ、「白河以北一山百文（ひと山百文ほどの価値しかない）」と言い放ったのだ。これに反発したのが一力健治郎という人物。東北にも誇るべき歴史と文化があるとして、1897（明治30）年に『河北新報』と題した新聞を創刊した。もちろん〝河北〟は、〝白河の関の北〟を略した言葉だ。〝河北〟、つまり東北の人たちは、何かにつけて〝関〟より南の地域への対抗意識を燃やした。

その1つが高校野球。春夏の大会が東北の底力を全国に示す絶好の機会となった。しかし、1915（大正4）年の第1回全国中等学校優勝野球大会で秋田中がいきなり決勝に進出したものの、京都二中に敗れて準優勝に終わる。以来、東北各県の代表校は何度も決勝に駒を進めたが、そのたびに〝関〟以南のチームの厚い壁に跳ね返され、涙を呑んできた。春夏の大会が回を重ねるごとに、東北各県の代表校がそこで優勝すること、大会の優勝旗を〝白河の関〟より北へ持ってくることが、東北の人々にとっての悲願と言われるようになった。

そしてついに、2022（令和4）年夏の大会で、仙台育英高校が全国制覇を果たした。その帰路、同校の選手たちは深紅の大優勝旗を携え、「こまち25号」に乗って〝白河の関〟を初めて越えた。それはまさに歴史的瞬間となった。

その時の様子を、この年の同校応援団長・志賀大智さんが動画撮影していた。映像はテレビのニュース番組などでたびたび紹介されたので、覚えている方もいらっしゃるだろう。志賀さんは車窓風景を撮影しながら、「今、〝白河の関〟、越えました」と実況。続いて、優勝記念の金メダルを下げた佐藤悠斗主将にインタビューした。その後ろには大優勝旗。そして、〝白河の関跡〟にある白河神社の御札と通行手形を手にする選手も写っている。さらに、荷物棚には用具などを入れるバッグが載っていた。動画の長さはわずか1分足らず。それでも、「こまち25号」

仙台育英が“白河の関”付近を通過した瞬間の車内（志賀さん提供）

の車中で仙台育英高校野球部一行が歴史上初めて迎えたその時を余すところなく収めている。大変貴重な映像だ。

志賀さんによると、同校が甲子園に遠征する際は、往きは飛行機、帰りは新幹線を使うのがふつう、とのこと。また、動画撮影は決勝戦のアルプススタンドで地元宮城のテレビ局から依頼されたという。志賀さんらは、Ｇｏｏｇｌｅマップで〝白河の関〟と自分たちの乗る列車の走行位置を確認しながら、席を移動したり優勝旗を広げたりして態勢を整え、撮影に臨んだ。

「はやぶさ・こまち25号」が〝白河の関〟付近を通過する様子は、テレビのワイドショーでも生中継された。ヘリコプターからの空撮が行われていたのだ。車中の志賀さんはそのことに気づいていなかった。しかし、お母さんからのＬＩＮＥでそれを知り、驚いたという。甲子園優勝旗の〝白河の関越え〟は、言わば時空を超えた出来事。それには、Ｇｏｏｇｌｅマップの活用やスマホでの動画撮影、ＬＩＮＥでの会話などなど、

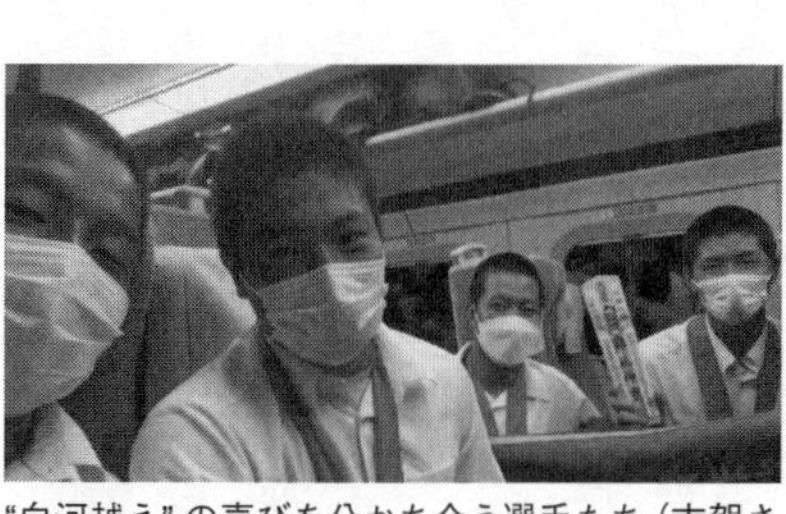

“白河越え”の喜びを分かち合う選手たち（志賀さん提供）

“白河の関跡”にたたずむ白河神社（筆者撮影）

今どき当たり前のライフスタイルが融合していた。ちなみに、〃白河の関〃の通行手形は白河神社の宮司さんが製作した。東北地方代表校が優勝旗とともに〃関〃を越えられるよう、１９９７（平成９）年から毎年、同地方のすべての代表校に贈られてきたそうだ。仙台育英の優勝で、その手形が初めて〃効力を発揮〃した。

選手たちを乗せた「はやぶさ・こまち25号」は、定刻通り13時51分に仙台駅に到着。構内には「甲子園優勝、まことにおめでとうございます」のアナウンスが流れ、列車の運行状況などを知らせるモニターの画面には「祝優勝　おめでとう　仙台育英学園高等学校」の文字が映し出された。ホームやコンコースでは、テレビなどでその時間の凱旋を知った約１０００人の市民らが出迎えた。なにしろ、甲子園の優勝旗が初めて東北の地にもたらされた瞬間だ。大騒ぎになるのは当然のことだろう。

「こまち25号」を降り立った選手たちは中央改札口付近でいったん整列、そこで佐藤主将はＪＲ仙台駅長から花束を贈呈された。その後は約80人の警察官らがロープを張って作った〝花道〟を行進して、学校に帰るバスへ向かった。近年、甲子園出場校の凱旋パレードは日本高等学校野球連盟（高野連）から自粛を求められているため実施されていないが、この時の仙台駅構内では小規模ながらそれに近いようなものが行われていたと言ってもいいだろう。このくらいなら、高野連も大目に見てくれるはずだ。

仙台育英の優勝より前、２００４（平成16）年の全国高校野球選手権大会で南北海道代表の駒大苫小牧高校が春夏通じて北海道勢初の優勝を果たした。この時、同校の選手たちは飛行機で大阪から札幌（新千歳空港）に帰った。同校の優勝も、北海道の人たちからすれば長年の悲願が叶った素晴らしい快挙なのだが、優勝旗は〝白河の関〟も津軽海峡も、空路であっさり飛び越えてしまった。さらに、駒大苫小牧の選手たちがそれを携えて新千歳に降り立ったところを地元の人たちが出迎えられたのは、空港の手荷物受取所を出た後の到着ロビー周辺に限られた。

それに比べると、仙台育英の〝白河の関越え〟は動画にも記録され、仙台駅ではホームやコンコースに詰めかけた人々が重層的に選手たちを出迎えた。同校野球部が初優勝の帰りに鉄道を利用したからこそ、こうしたシーンが生み出されたと言える。８月24日付けの

『日刊スポーツ・電子版』の記事には、同校を優勝に導いた須江航監督の談話が紹介されている。

（〝白河の関越え〟は）「なにか感慨深いものがありました。新幹線でシュッと駆け抜けていく感じなんですけど、『あ、ここからが東北なんだな』と」

「『歴史が本当に変わったんだ』と思いましたね」

「野球好きな人だけの白河の関越えではない。多くの県民や東北の人たちの思いや夢があった」

こうした感慨は、鉄道（新幹線）で〝白河の関〟を越え、仙台駅に降り立ったことで浮かんできたものに違いない。

第1章

生まれは阪急の豊中、育ちは阪神の鳴尾

高校野球発祥の地　豊中グラウンド

先に書いたように、今の高校野球の2大大会は約100年前に始まった。夏の大会の前身にあたる全国中等学校優勝野球大会が創設されたのは1915（大正4）年。同大会は、明治以降に西洋からもたらされたスポーツの中で、最初に行われた〝日本一決定戦〟だった。これは、それまでに日本国内の中等学校で野球がかなり広く行われていて、全国大会を開催できる下地が整っていたことを表している。

そして、その背景に鉄道の発達があったことを見逃すわけにはいかない。鉄道網が日本全国に張り巡らされていなければ、各地から代表チームを集結させることはできなかったからだ。

野球殿堂博物館ホームページの『日本野球の歴史』によると、アメリカ発祥の野球は、1872（明治5）年にホーレス・ウィルソンという人物によって日本に伝えられた。ウィルソンはアメリカから今の東京大学にあたる学校にやってきたお雇い外国人。生徒に英語を教えるかたわら、野球を伝授した。それ以来、大学など、主に学校教育の場で野球が広まっていく。

同年10月14日（旧暦9月12日）、新橋・横浜間に日本初の鉄道が正式開業した。その後、

1878（明治11）年、新橋鉄道局に勤務していた平岡凞《ひろし》が日本初の本格的野球チーム・新橋アスレチックスを組織する。平岡は明治初期にアメリカに渡り鉄道技術を学んだほか、野球選手としてプレーすることも体験していた。それを持ち帰り、勤務先で仲間を募ってチームを結成したわけだ。

香櫨園遊園地の跡地にある片鉾池《かたほこいけ》。この西側に博物館や動物園、さらにその西に運動場があった（筆者撮影）

野球も鉄道も、ほぼ同じ頃に日本に持ち込まれ、普及し始めた。そして、平岡凞という人物によって野球と鉄道がリンクすることになった。そこからの野球と鉄道の変遷をたどると、一方の歴史にもう一方の歴史が反映されていることがわかる。

1910（明治43）年10月25日から3日間、関西初の日米野球、シカゴ大学対早稲田大学の対抗戦が開催された。その舞台となったのが香櫨園《こうろえん》野球場。主催者の大阪毎日新聞から阪神電気鉄道が要請を受け、沿線の香櫨園遊園地内にあった運動場を急きょ改装して作った野球場だ。これが阪神電鉄と野球との関わりの始まり。甲子園球場のルーツと言ってもいい。

阪神電気鉄道は1905（明治38）年4月12日に神戸・三宮と大阪・出入橋の間に最初の路線を開業させた。神戸と大阪という2大都市を結び、都市型高速鉄道の先駆けとなった電鉄会社だ。香櫨園遊園地は、路線のほぼ中間、線路が渡る夙川の西側に1907（明治40）年に開場した娯楽施設。大阪商人の香野蔵治と櫨山《はぜやま》喜一が開設し、両人の名字から一文字ずつとって香櫨園と命名された。阪神電鉄はその経営に参画、遊園地開場にあわせて香櫨園駅も開設していた。

『輸送奉仕の五十年』（阪神電気鉄道刊）に、香櫨園野球場建設に際して阪神との折衝にもあたった大阪毎日の記者・西尾守一の回想が載っている。それによれば、当時、関西に適当な野球場はなく、目星を付けた香櫨園の運動場も「広っぱに毛のはえた程度」のものだった。そこに野球場を「応急設備」したが、フェンスもスタンドもなく、レフト側はホームプレートの50メートル先からダラダラの下り坂。そのため、「ここへ長打をカッ飛ばされると、追っかけてつかんでもどこへ送球してよいのかサッパリ分らぬといった、大変なグラウンドであった」。

この時の阪神の協力は野球場建設にとどまらなかった。西尾の回想には、シカゴ大学と早稲田大学の選手たちが「阪神が特別に飾ってくれた美しい花電車で香櫨園に乗りこんだ」と記されている。さらに、観客を運ぶ電車はどれも満員で「停留場から夙川堤へかけてえらい行列が続いていた」とのこと。香櫨園へは大阪からも神戸からも、電車に乗れば数十分で行ける。この場所に目を付けて日米野球を開催したのは、主催者側からすれば大正解。阪神電鉄としても、沿線での野球大会の開催が〝商売〟になることを認識した。

そして、「この試合が動機となって『関西にももっとよい運動場を作ろう』という気運が高まり、大正のはじめ箕有電車がまず豊中に（中略）当時としては立派なグラウンドを開設されるにいたった」。そう、箕有《きゆう》電車（箕面有馬電気軌道。今の阪急電鉄）の創業者、小林一三が黙っていなかったのだ。同電軌は、香櫨園の日米野球が開催される直前、１９１０（明治43）年３月10日に梅田（現・大阪梅田）－宝塚間と石橋－箕面公園（現・石橋阪大前－箕面）間の鉄道を開業させたばかり。その沿線には宝塚、花屋敷の温泉や、服部天神宮、中山寺などの参拝施設などがあったが、電車は大阪と神戸という大都市間を結ぶ阪神よりはるかに人の少ないところを走っていた。そこで小林は、〝乗客掘り起こし〟のため、箕面に動物園を作ったり、宝塚新温泉（後の宝塚ファミリーランド）を開業させたりする。さらに１９１３（大正２）年には、温泉客向けに余興を提供するため、

1913（大正2）年頃の豊中グラウンド（豊中市提供）

宝塚唱歌隊（現・宝塚歌劇団）を結成。宝塚少女歌劇養成会と改称した団体は、翌年4月に宝塚新温泉で初めての舞台を披露した。

豊中グラウンドもそうした沿線開発の一環として建設された。開場は宝塚唱歌隊結成と同じ1913（大正2）年。広大な敷地に2つの観客席を備えた、当時最先端の本格的運動場だった。野球場としての正式デビューは同年8月1日から行われた大阪毎日主催の関西野球大会。関西一円から40に及ぶ中学、大学、倶楽部チームが集まり、5日間にわたって次々に対抗戦を繰り広げた。トーナメント戦やリーグ戦を実施して優勝チームを決めるものではなかったが、連日多くの応援団や野球通が詰めかけたという。ただ、当時の新聞に箕面有馬電気軌道の観客輸送に関する記事は見当たらなかった。

それが出てくるのは同年10月に開催された日米大野球戦。こちらは大阪朝日新聞の主催で、アメリカからワシントン大学を招き、早稲田大学、明治大学との間で三つ巴の対抗戦を行った。その試合を目前に控えた同年9月27日、『大阪朝日新聞』（以下、『大阪朝日』）に「運動場と停留場」という見出しの記事が掲載される。そこにはこう書かれていた。

「これまでの豊中停留場は枕木作りの仮設停留場であったが、箕電では野球戦を機会に本物のプラットフォームを新たに設け、待避線をもこしらえ、仕合第一日の来月三日以後、一般乗客を取扱うことになった」

さらに、開幕前日の10月2日付け同紙一面の広告にも次のような一文があった。

「当日の箕面電車にては、梅田豊中間は二分半毎に発車し極力輸送につとむべく、また豊中駅には特に待避線を設け、もって乗降客の混雑を避くるの設備をもなせり」

1910（明治43）年3月の箕面有馬電気軌道開業当初、岡町と石橋の間には駅がなかった。同年4月、そこに蛍ケ池（現・蛍池）駅が開業。さらに、先の新聞記事に従えば、1913（大正2）年の豊中グラウンド開場以降に臨時の豊中駅が仮設され、同年10月3日からは常設駅として一般営業を始めたことになる。今の感覚からすれば、豊中という大きな駅の近くに運動場が作られたと考えてしまいがちだが、実は運動場が先で駅が後だったわけだ。

1915（大正4）年8月、その豊中グラウンドで、いよいよ第1回全国中等学校優勝

豊中グラウンドの跡地にある「高校野球発祥の地記念公園」（筆者撮影）

野球大会が開催される。主催は、1913（大正2）年の日米大野球戦と同じ大阪朝日。改めて振り返れば、新聞も明治以降に急成長したもので、当時、大阪毎日と大阪朝日との間では熾烈な読者獲得競争が繰り広げられていた。この頃相次いだ野球大会の開催には、その報道によって自社の新聞の購買数を伸ばそうという狙いが込められていた。鉄道と野球、とくに中等学校野球は、新聞が間を取り持つ形で結びつきを強めていくことになる。

第1回大会出場校と鉄道

「高校野球を生んだ豊中」と題した寄稿が残されている。1955（昭和30）年3月に豊中郷土文化研究室が刊行した『豊嶋文化（3）』という郷土雑誌に掲載されたもので、執筆者は田村木国《もっこく》（本名・省三）。田村は大阪府立北野中学から旧制第三高校（現・京都大学）に進んだが中退、大阪朝日の記者となった人物で、著名な俳人でもあった。明治末期、中学時代の経験が買われて野球の記事を書くようになり、寄稿の中で本人は「関西最初のスポーツ記者」を自称している。

田村の寄稿を読み進めるとこんなことが書かれていた。豊中グラウンド開設当初の話で、少々長くなるが引用する。

「今のようにとっかけひっかけ試合があるわけでないから、阪急の事業部でもいろいろ苦心して、当時同部の新聞社との交渉係を担当していた吉岡重三郎君－後の東宝社長－が一日朝日新聞社へ私を訪ねて来て、『折角立派な豊中グラウンドをこしらえたのだから、一つ新聞社で何かやって貰えんだろうか』というので、私はその時すぐに、『全国から強いチームを選りあつめて試合をさせたら面白いだろうと思うナ』といった。（中略）。こんなチョッとした二人の話のきっかけが口火になって、大正四年夏、第一回全国中等学校優勝野球大会（いまの高校野球選手権大会－甲子園夏の大会）が豊中グラウンドで行われたのである」

田村は、明治以降に西洋から伝来したスポーツの中で、「日本人の嗜好に向いた野球だけが次第に盛んになって来た」ことを実感。野球の全国大会開催について、「ボンヤリと

野球技の一度我國に來りてより未だ幾何ならざるに今日の如き隆盛を觀るに至れるは同技の男性的にして而も其の興味と其の技術とが著しく我國民性と一致せるに依るものなるべし、殊に中學程度の學生間に最も普く行はれつゝありて、東海五縣大會關西大會等を始めとし各地に其の聯合大會の擧を見ざるなきに至れり、然も未だ全國の代表的健兒が一堂に會して潑溂たる妙技を競ふ全國大會の催しあるを見ず、本社は之を遺憾とし玆に左の

來る八月中旬豐中に於て擧行

本社主催 全國優勝野球大會

各地代表中等學校選手權仕合

條件に依り夏季休暇中の八月中旬を卜し全國各地方の中等學校中より其代表野球團、即ち各地方を代表せりと認むべき野球大會に於ける最優勝校を大阪に聘し豐中グラウンドに於て全國中等學校野球大會を行ひ以て其選手權を爭はしめんとす（詳細は逐次發表）

一 參加校の資格はその地方を代表せる各府縣聯合大會に於ける優勝校たる事

一 優勝校は本年大會に於て優勝權を得たるものたる事

一 選手の往復汽車又は汽船賃は主催者に於て負擔する事

全国中等学校優勝野球大会の開催社告。
1915（大正4）年7月1日付け大阪朝日

そんな考えを持っていた」という。そこに阪急（当時は箕面有馬電気軌道）がグラウンドを作って何かやってくれと言ってきた。まさに〝渡りに船〟だ。こうして、100年以上にわたって受け継がれていく夏の高校野球大会が始まった。田村は1951（昭和26）年に高野連から〝大会の生みの親〟として功労賞を授与されている。

『大阪朝日』が大会開催の社告を掲載したのは1915（大正4）年7月1日。それから3週間経った同22日に、8月18日から5日間の開催とする社告が掲載された。

まずは出場校を決める予選を行わなければならない。なにしろ国内初の〝日本一決定大会〟だ。すでに各地で地域的な野球大会が開催されていたが、それらは全国大会の代表を選ぶものではなかった。

さまざまな大会史を総合すると、東京では武侠世界社（雑誌『武侠世界』の出版社）が主催した同年春の東京都下大会を予選とみなした。

東北では、秋田中が単独で参加を申し出たものの、〝予選なし〟での出場は認められなかった。そこで同校は、県内の横手中、秋田農業に呼びかけ、3校だけで臨時東北大会を開催してしまう。これには、予選実施の連絡を受けなかった青森、岩手、宮城、山形、福島の関係者が激怒、秋田中に非難が集中したという。

そのほかは東海（愛知、三重、岐阜）、京津（京都、滋賀）、兵庫、関西（大阪、奈良、和歌山）、山陽（岡山、広島）、山陰（鳥取、島根）、四国（香川、愛媛、徳島）、九州（福岡、長崎）の各地区で予選が行われた（カッコ内は各予選に参加した学校の所在府県）。

北海道予選は、当時、対外試合が禁止されていたため実施されなかった。それには、いわゆる〝野球害毒論〟が影響したと考えられている。これは東京朝日新聞が1911（明治44）年夏に主張したもの。同紙は「野球は相手をペテンにかけたり計略に陥れたりする卑しい競技」で、「勝負に熱中して（学業をおろそかにし）長い時間を浪費する」などと批判した。こうした考え方は、新渡戸稲造や乃木希典らが示していた。論調の是非は別として、その朝日の〝大阪本社〟がわずか4年後に中等学校野球大会を立ち上げるのだから、〝きのうの敵はきょうの友〟だ。当時の同社社長・村山龍平《りょうへい》が、野球の教育的効果を認めて大会の開催を決断したことが、歴史の転換点になった。

　北信越や東京以外の関東では予選を実施する態勢が整わず、これらの地域の学校には〝豊中への道〟が開かれなかった。結局、この年の予選に参加したのは73校。そして、各地の予選を勝ち上がった代表校が豊中に集結し、予定通り8月18日から記念すべき第1回の大会が開催されることになった。出場したのは秋田中（東北）、早稲田実業（東京）、山田中（通称。正式には三重四中。東海）、京都二中（京津）、神戸二中（兵庫）、和歌山中（関西）、広島中（山陽）、鳥取中（山陰）、高松中（四国）、久留米商業（九州）の10校だった。

　では、各校の選手たちはどうやって大阪に集まったのだろうか？　もちろん、飛行機やバスはなく、鉄道と船、そして自分の足で移動するしかなかった時代だ。当時の新聞に、各校がいつどの列車（船）で地元を出発し、いつ大阪に着いたかが報じられている。それらの記事と当時の鉄道時刻表を照合しながら、各校の旅程を明らかにしてみよう。

　代表校の大阪入りについて、あらかじめ書いておかなければならないのが、山陰予選のことだ。この年の山陰代表は鳥取と島根でそれぞれ1次予選を行い、その勝者が2次予選（決勝）を戦って決定された。決勝の舞台は豊中グラウンド。本来なら鳥取、島根のどちらかの野球場で行うところだ。それが豊中開催になった理由について、『全国高等学校野球選手権大会70年史』（朝日新聞社刊。以下、『高校野球選手権70年史』）に次のような記述がある。

「大正2年、米子で松江中と米子中が試合した際、激しいヤジから投石事件となり、試合続行不能となったのが原因」

〝野球害毒論〟が展開された後も、こうした事件が起こっていたわけだ。8月上旬に行われた鳥取予選は鳥取中、島根予選は杵築中が制し、2校は豊中での決勝に臨んだ。

両校が乗ったのは山陰・福知山線経由で大阪に着く列車だった。山陰線は香住―鳥取間の開通により、1912（明治45）年3月1日に京都―出雲今市（現・出雲市）間が開業、関西と鳥取、米子、松江、出雲が鉄道で結ばれた。最後の開通区間には余部《あまるべ》橋梁が含まれている。同区間の開通前は、京都府の舞鶴港と鳥取県の境港の間で鉄道連絡船が運航されていた。その時代には京都から出雲今市までまる1日がかりの旅を強いられていたのだが、山陰線の開通でほぼ半分の約13時間に短縮された。さらに同年6月には、出雲今市と大社の間に大社線も開業した。

先に地元を出たのは杵築中だった。8月11日18時35分大社発の710列車で出発、翌12日の8時02分に大阪に着いた。一方、鳥取中は12日8時52分発の702列車（米子始発）で鳥取発、同日18時44分に大阪に到着した。そして、山陰予選決勝は8月15日に行われ、2対2の同点から9回表に勝ち越し点を挙げた鳥取中が5対2で勝って代表の座を射止めた。

さて、他の代表校について見ていこう。遠来のチームと言えば秋田中だ。同校は秋田以外の県の学校を抜きにして東北予選を実施し、それを制して代表となったが、大阪までの道のりは長かった。

同校の遠征に関しては、『大阪朝日』だけでなく地元の『秋田魁新報』（以下、『魁』）も詳しく報じている。はじめは8月10日の『魁』。同校の監督1名、選手12名が同12日に秋田を出発する、主催の大阪朝日からはその往復の汽車賃が同封された書状が届いた、という記事を載せた。代表校の交通費はすべて主催の大阪朝日がまかなうと規定されていたのだ。次いで12日、『大阪朝日』は同校一行が同日の午後3時2分に秋田を出発する、と伝えた。これは青森を9時35分に出て奥羽・東北線経由で上野に向かう704列車。当時、いわゆる〝日本海縦貫線〟は全通していなかった。その最後の区間、羽越線の村上―鼠ヶ関間が開通したのは1924（大正13）年7月のこと。それまで、秋田から鉄道で大阪に行くルートは、東京経由に限られていた。

東北線は1883（明治16）年の上野―大宮（―熊谷）間を皮切りに南から路線を延ば

し、１８９１（明治24）年９月１日に青森までの全線が開業した。一方、秋田を通る奥羽線は北の青森と南の福島の両方から建設が進められた。最初は１８９４（明治27）年に青森から弘前までの区間が開業。１９０２（明治35）年にそれが秋田まで繋がった。福島からの路線は１８９９（明治32）年にまず米沢まで開業した。板谷峠を越える険しい区間だが、それが手始めになった。以後、秋田側と山形側から線路を延ばし、１９０５（明治38）年９月14日に湯沢－横手間が開業、福島－秋田－青森間が全通した。それから約10年を経た１９１５（大正４）年８月のダイヤで上野と青森の間を秋田回りで結んでいた列車は、上下各２本の普通列車だけだった。

そのうちの１本、秋田中一行を乗せた７０４列車は翌13日８時11分に赤羽に到着した。ここからは推測になるが、一行は同駅と池袋で山手線電車（赤羽－池袋間は現・赤羽線）に乗り換え、東海道線の列車に乗り継いだと思われる。７０４列車の終着駅・上野と、１９１４（大正３）年12月20日に開業した東京の間は線路が繋がっていなかった。秋田中一行が７０４列車で上野まで行って、その間を東京市電と徒歩で移動したとは考えにくい。

山手線と赤羽線は１９０９（明治42）年に電化され、山手線では上野－池袋－新宿－品川－新橋間で電車の〃Ｃの字型〃運転が始まった。東京駅開業とともに、その区間は上野－東京間に延長される。当時の時刻表によれば、〝Cの字型〟運転は約15分おき、赤羽－池袋の区間運転は約30分おきに行われていた。また、時刻表には東北線赤羽駅の発車時刻と到着時刻が併記されていた。同駅で東北線と山手線を乗り継ぐ客が多かったためだろう。ちなみに山手線の環状運転が始まったのは、東北線の上野－神田間が開業した1925（大正14）年11月1日からだ。

その先、一行が乗った東海道線列車は、11時15分東京発、翌朝5時14分大阪着の岡山行13列車だ。同14日の『大阪朝日』が「今十四日午前五時梅田着の筈」と報じていることから推定できる。それより前には大阪に20時25分に着く列車しかなく、後は6時26分着の列車になってしまう。秋田からの列車が赤羽に着く時間からすると、東京11時15分発の列車なら乗り継ぎにもちょうどいい。

東海道線の新橋－神戸間全線が開業したのは1889（明治22）年7月1日。横浜（現・桜木町）駅は行き止まり（その東西を直通する列車は方向転換が必要）、国府津－沼津間は御殿場経由、大津（現・膳所）－京都間は東山連峰の南へ迂回し今の奈良線稲荷駅を通るという路線だった。当初は全区間を約20時間かけて走り通す普通列車が1日1往復運転された。それ以来、東海道線では複線化や信号場の増設など、施設改良が急ピッチで進められた。日清、日露の戦争が同線の重要性を高め、その輸送力の増強が急務とされたからだ。新橋から神戸までの全線が複線化されたのは1913（大正2）年8月1日。最後の区間は天竜川鉄橋だった。それらの改良工事が進むにつれ、東海道線では頻繁にダイヤ改正が行われ、列車のスピードアップが実施された。

1915（大正4）年8月13日に秋田中一行が東海道線で大阪を目指した時点では、東京と大阪・神戸の間を結ぶ列車は上下各8本、そのうち山陽線下関直通の特別急行と急行が各1本ずつ、神戸行と神戸発の区間急行が各3本設定されていた。これに加え、東京―神戸間の不定期急行も上下各1本あった。しかし、秋田中が乗った13列車は普通列車だった。秋田から大阪まで、〝律儀に〟各駅にとまっていったのだ（深夜、早朝には通過した駅もあったが）。

ところで、同校一行が赤羽から池袋、新宿を回ったとすれば、11時37分発の品川で13列車に乗ったと考えるのがふつうだ。しかしそれでは適当な座席を確保できないかもしれない。山手線電車で東京まで行き、東海道線列車には始発駅から乗り込んだ可能性が高い。いずれにせよ、一行は普通列車の車中2泊をはさみ、約38時間かけて大阪にたどり着いた。

秋田中の野球選手にとって、その旅は今の海外旅行に等しいものだったに違いない。涼しい秋田から夏真っ盛りの大阪へ。すべての選手が初めて体験したと思われる長旅に、気候の変化も加わった。8月18日の『魁』に、チームのトップバッターで捕手の渡部純司が寄せた報告が載っている。

「秋田より大阪まで三百五十里。暑気と動揺に苦しめられ、着阪の際、良く談笑するもの二三のみ。多くは顔色蒼然、不安を覚え申し候」

ところが、秋田中はへこたれなかった。地方からの、とくに〃河北〃からの参戦とあって、秋田中を見下す下馬評もささやかれたが、大会が幕を開けるとそれをくつがえす快進撃を見せたのだ。初戦（2回戦）は山田中を9対1で下し、準決勝では〃都会チーム〃の代表格・早稲田実業を3対1で退ける。そして迎えた8月23日の〃初代日本一決定戦〃では、優勝候補筆頭の京都二中と対戦し、延長14回の激闘の末2対1でサヨナラ負けを喫したものの、見事に準優勝という好成績を残した。秋田以外の東北各校に内緒で予選を行い、首尾よく代表となった同校だったが、全国レベルの実力を持っていたことを示して、つまはじきにされた学校からの批判をはねのけた。

秋田中の選手たちは翌24日、20時24分大阪発の8列車で帰路に就いた。これは神戸発東京行の急行だ（京都－東京間の利用に急行料金が必要）。同校一行が大阪駅を出発する様

大阪朝日新聞

本社主催 第一回 全國優勝野球大會（最終日）

最優勝戰 ＝京都二中對秋田中學＝

優勝試合 京都二中對秋田中學

京都二中－秋田中の決勝戦を伝える記事。1915（大正4）8月24日付け大阪朝日

子を、『大阪朝日』は興奮気味に報じた。

「やがて汽車が来る。選手たちは乗ってからもなお窓から首を出し、『さようなら、おたっしゃで』、『また来年！』といったような惜別の辞が交換される。号笛が鳴り汽車が出る。雷のような万歳の声は相互から叫ばれた。この叫びにつれて、見知らぬ他の見送り人も何がなしに万歳を叫び、楽しげに笑っている……」

盛大な見送りを受けて大阪を後にした一行は、26日の10時27分、無事に秋田に帰還した。この時刻に同駅に着くのは上野18時00分発の東北・奥羽線経由青森行701列車。往路同様、道中のことは不明だが、たぶん往きと同じように確実に座席を確保するため、始発の上野から同列車に乗り込んだと思われる。

それにしても、一行が大阪から乗った東海道線の8列車は品川に10時15分、東京には10時35分に着いてしまう。青森行列車が上野を出るまでには約8時間もある。その間、彼らは東京で何をしていたのだろうか？　なんだか推理小説の謎解きのようになってしまったが、おそらく、どこかの旅館でひと休みしてから、東京見物に出かけたのではないか？（その理由は後の項で）

一方、優勝した京都二中は24日大阪13時34分発、京都14時47分着の16列車で地元に凱旋した。こちらは下関を20時05分に出て、翌々日の7時05分に東京に着く普通列車。35時間かけて走る長距離列車に約1時間だけ〝区間乗車〟した。同校は往きにも京都発下関行の列車を利用している。今なら専用バスで移動するところだろうが、当時は京都―大阪間を行き来するにも蒸気機関車が牽く列車が最も便利だったということだ。

京都二中の選手たちは、大阪では秋田中選手らの見送りを受け、京都ではOBや京都市民のバンザイの声に迎えられた。『高校野球選手権70年史』は、同校の『野球部記』に記された「非常大歓迎をうけ七条駅はこれらの人を以て充たされたり」との一文を紹介している。「七条駅」は京都駅のこと。当時、地元の人たちからは「七条駅」、「七条ステーション」と呼ばれていた。

8月25日の『大阪朝日』は同校の凱旋を詳しく報じた。選手たちは駅前から6台の〝花自動車〃に分乗。高島屋が配った優勝を祝う小旗が振られ、大丸の屋上からまかれた紙吹雪が舞う中をパレードした。そのルートは、烏丸通、四条通、東山通、丸太町通、寺町通、三条通、大阪朝日新聞京都支局前、烏丸通、丸太町通、千本通、後院通《こういんどおり》を経て四条大宮から大宮通を南下、地元有志が花を飾り付けた大宮陸橋を越え、東寺の南西側斜め向かいに校舎を構える学校に至る壮大なもの。京都駅を出てから2時間半かけて、午後4時半頃に到着した。市内の熱狂ぶりはすさまじく、四条烏丸付近では市電が立往生するほどだったという。ようやく学校に帰還した選手たちは、その夜、大阪を出発して地元に戻る秋田中の選手一行を京都駅まで見送りに行っている。大阪駅での見送りの返礼だろうが、これがホンモノの〃きのうの敵はきょうの友〃だ。

その他8校の旅程もあわせて、第1回大会に出場したチームがどの列車（船）に乗って豊中に集まったかを表にしてみた（表1）。兵庫代表の神戸二中に加え、船で神戸に着いた後の高松中も東海道線列車で大阪に乗り込んでいる。また、山田中の大阪入りに関しては、『大阪朝日』の報道に疑問点がある。8月16日の記事には、同日午前11時57分山田（現・伊勢市）発、午後4時57分湊町（現・JR難波）着の列車で来阪すると書かれていた。これに該当するのは始発の鳥羽を11時30分に出る亀山、柘植、奈良経由の湊町行61列

■（表1）1915（大正4）年 第1回中等学校優勝野球大会（8月18～23日）出場校利用列車

学校名	成績		利用した列車（船）の発着時刻	利用した列車（船）
京都二中	優勝	往路	17日10:33京都発-11:34大阪着	京都発下関行43列車
		帰路	24日13:34大阪発-14:47京都着	下関発東京行16列車
秋田中	準優勝	往路	12日15:02秋田発-13日8:11赤羽着	青森発上野行704列車
			→13日11:15東京発-14日5:14大阪着	東京発岡山行13列車
		帰路	24日20:24大阪発-25日10:35東京着	神戸発東京行急行8列車
			→25日18:00上野発-26日10:27秋田着	上野発青森行701列車
和歌山中	ベスト4	往路	17日9:00和歌山市発-10:40難波着	南海鉄道
早稲田実業	ベスト4	往路	14日15:20東京発-15日6:26大阪着	東京発下関行急行5列車
高松中	ベスト8	往路	15日19:30高松発-16日2:00神戸着	大阪商船神戸高松航路
			→16日5:00神戸発-5:49大阪着	下関発東京行18列車
山田中	ベスト8	往路	16日9:33山田発-16:03湊町着	鳥羽発湊町行310列車
神戸二中	ベスト8	往路	17日8:19神戸発-9:18大阪着	明石始発沼津行34列車
鳥取中	ベスト8	往路	12日8:52鳥取発-18:44大阪着	米子発大阪行702列車
久留米商業	1回戦敗退	往路	16日3:44久留米発-17日7:48門司着	鹿児島発門司行急行6列車
			→17日8:25門司発8:40下関着	関門連絡船
			→17日9:50下関発-23:20大阪着	下関発東京行急行6列車
広島中	1回戦敗退	往路	15日21:45広島発-16日7:29大阪着	下関発京都行42列車

備考

杵築中	山陰大会決勝敗退	往路	11日18:35大社発-12日8:02大阪着	大社発大阪行710列車

注＝秋田中の東京での乗降駅、久留米商業の久留米-下関間は推定

車。時刻表に種別の表記はないものの、主要駅だけに停車する〝快速〟だ。ところが、翌17日の記事には、同校選手たちが伊勢神宮で武運長久を祈願した後、山田駅から午前9時33分発の列車で出発した、とある。こちらは鳥羽9時05分発、湊町16時08分着の310列車。61列車と違い、各駅に停車し、途中の亀山では名古屋始発の列車を併結する列車だ。伊勢神宮への早朝参拝を終えてからでも充分間に合う列車だが、山田中一行

はどちらの列車に乗ったのだろう？　ひとまずここでは、17日の記事が「9時33分に出発した」と報じているので、310列車に乗った、としておく。

ちなみに、大会開幕直前の8月15日にも、東海道線のダイヤ改正が行われている。これは、前年8月から続いていた山北－御殿場間の水害復旧工事が完了したことによるもの。例えば秋田中が往路に乗った13列車は、8月15日以降、東京発が15分繰り下がって11時30分となり、大阪までの所要時間がその分だけ短縮された。また、帰路に利用した急行8列車は、改正前より30分早く東京に着くようになった。普通列車と急行列車のスピード差に加え、ダイヤ改正もあって、同校一行が東海道線で移動した時間は往きより帰りのほうが4時間も短くなった。選手たちはその速さの違いを実感したはずだ。

さらに、この改正時には東海道線横浜付近の線路切り替えが行われ、今の横浜市営地下鉄高島町駅付近に2代目の横浜駅が開業、初代横浜駅は桜木町に改称された。それより前、1901（明治34）年には神奈川（京急電鉄の同名駅とは別。後に廃止）－程ケ谷（現・保土ケ谷）間を直進する新線が開通し、新橋と沼津以西とを結ぶ長距離列車は横浜（初代）で方向転換することなく走り抜けられるようになっていた。平沼はその新線に横浜の〝玄関駅〟として設置されたが、当時の市街中心部（今の関内駅周辺）からは遠かった。

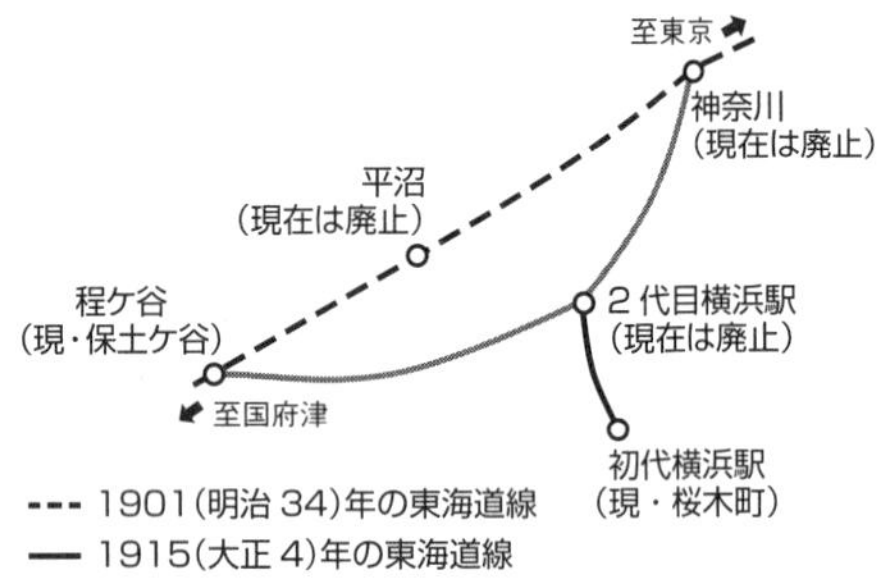

東海道線横浜駅付近の変遷

その状態を改善するため、わずかではあるが線路を中心部方向に寄せ、2代目の横浜駅を開設、平沼駅を廃止した。秋田中と東京代表の早稲田実業は、大阪への往きと帰りに新旧両方の東海道線を通ったことになる。

阪神電鉄　鳴尾運動場を建設

1915（大正4）年の第1回全国中等学校優勝野球大会はひとまず成功を収めた。輸送面でそれを支えたのは、もちろん箕面有馬電気軌道だ。開幕を翌日に控えた8月17日の『大阪朝日』は「観覧電車の増発」という見出しを付け、次のような記事を載せていた。

「箕面電車会社にては大会観覧者の便宜を図り、会期中豊中行の電車を増発し、観覧者に対しては特製の切符を発行するほか、平常五十一銭の同会社全線回遊券は大会観覧者のために会期中三十一銭を以て発売する事となれり」

さらに、開幕当日の同紙にはこんな記事もあった。

「箕電社長の寄贈　箕面電車会社社長平賀敏氏は、今回の最優秀選手に対し、丸善書店の五十円図書切手を贈る筈」

「箕電の選手招待　箕面電車にては、十八日第一日に、試合終了後、今回の大会参加選手一同を宝塚温泉パラダイスに招待し、その慰労会を催すべく、特に当日同時刻、豊中より選手のために宝塚行特別電車を発車せしむべしと」

箕面有馬電気軌道は、自社が建設したグラウンドでのビッグイベントとあって、社を挙げて大会開催に協力した。

翌1916（大正5）年の第2回大会では東京代表の慶應義塾普通部が優勝する。決勝の翌日、8月21日に同校が利用したのは、前年の秋田中と同じ大阪20時24分発の急行8列車。優勝旗はこの列車で初の〃箱根越え〃を果たし、翌22日朝に東京に到着した。23日の『東京朝日』は写真付きでこれを報じた。ところが、そこにはこう書かれている。

「全国中学野球大会に優勝を占めし慶普軍は二十二日午前十時三十五分東京着、帰京せしが、普通部選手はいずれも京阪方面に所用ありて、先輩たる慶大選手ら代わって優勝旗を携え帰れり」

普通部の選手は〃現地解散〃していたのだ。優勝旗を手に写真に収まったのは監督の腰本寿《ひさし》。腰本は慶應義塾大学の野球部員で、いわゆる学生監督だった。この記事には所用とあるが、現地解散した普通部の選手は関西で何をしていたのだろう？　ひょっとしたら、優勝のご褒美に関西の名所巡りをしていたのかもしれない。それから107年後の2023（令和5）年、第105回全国高校野球選手権記念大会で、慶應義塾がこの時以来となる全国制覇を果たした。新幹線で新大阪から新横浜に着いた同校の選手たちは、母校に凱旋せず、そのまま自然解散してしまった。帰路の〝解散〟という同校の伝統は、100年以上の時を超えて継承された。

1917（大正6）年の第3回大会からは、大会会場が阪神沿線の鳴尾運動場に移された。会場変更の主な理由は電車の輸送力。『全国高等学校野球選手権大会史』（朝日新聞社刊。以下、『高校野球選手権大会史』）の「鳴尾—甲子園」という項に、大阪朝日の記者で第1回大会から審判委員を務めた小西作太郎のそれに関する記述がある。

「大衆を運ぶのは阪急の前身箕面有馬電車で、単車の車両を用い、五千人ほどの客は試合終了後、停留所とグラウンドとの間にぎっしりと詰まり、そのさばきに数時間を要する始末」

「豊中の大会は、二年目にはもう行き詰まった。観客の輸送に何ら改善が加えられないのに、新聞記事だけに満足できない大衆が豊中へ豊中へと殺到して、お手揚げの有様となった」

人の少ないところに線路を敷いた当時の阪急は、1両編成の電車をのんびり走らせている〝ローカル電鉄〟に過ぎなかった。せっかく最新鋭のグラウンドを作って大会誘致に成功したものの、中等学校野球の人気は想像以上で、その観客輸送は〝荷が重すぎた〟。

これに対し、都市間高速鉄道の先駆けだった阪神は、その頃すでに多くの乗客をさばく術を心得ていた。阪神が最初に取り組んだのは、西宮神社の十日戎《とおかえびす》に伴う参詣客輸送だ。ここからの話は平山昇著『鉄道が変えた社寺参詣　初詣は鉄道とともに生まれ育った』（交通新聞社新書）を参考にする。明治初期の鉄道開業により、西宮神社の十日戎には列車を利用して参詣に訪れる人が急増した。1905（明治38）年の阪神開業当時は、香櫨園遊園地もスポーツ大会もまだなく、阪神沿線ではこれが最大のイベントと言ってもよかった。阪神は開業と同時に神社の北東に停留場（現・西宮駅）を開設、翌年1月に初めて迎えた十日戎では、参詣客向けに運賃半額という大サービスを断行した。するとこれが大変な反響を呼び、阪神電車には多くの参詣客が殺到、『大阪朝日』の記事によれば、大阪・出入橋の出札所には「長蛇の陣」ができたという。

西宮神社の十日戎は、官鉄（東海道線）よりアクセスに便利な阪神が積極的に参詣客の誘致を図ったため、年々賑わいを増していく。当時の人たちからすれば、信心もあっただろうが、参詣の日が来るのを指折り数えて待つほどのレジャーとして定着した。１９１０（明治43）年1月8日に阪神が『大阪朝日』に載せた十日戎の広告には「電車は間断なく発車します」と書かれている。何分おきというのではなく、次から次に電車を走らせたのだ。当時の電車は1両だけで走るもので、多くの乗客をさばく手立てはそれしかなかった。

十日戎の参詣客輸送は、阪神に大きな収入をもたらした。その大繁盛を2度経験した阪神に、さらなる増収のチャンスが訪れる。１９０７（明治40）年11月、鳴尾駅の南に鳴尾競馬場が開場、当時特例として黙許された馬券発売を伴う競馬が開催された。沿線では初のスポーツのビッグイベント。阪神は競馬客を運ぶため、早朝5時から4分おきに電車を走らせた。鳴尾競馬第1レースの発走時刻は午前10時。なのに始発の5時から4分おきとは、並々ならぬ力の入れようだ。それでも、馬券発売の魅力にひかれ、多くの観客が阪神電車を利用して競馬場に通った。言葉は悪いが、十日戎と競馬で阪神は〝味をしめた〟。

その後、阪神は、先に書いたように１９１０（明治43）年に香櫨園野球場で日米野球が行われた時も電車の増発を実施した。また、翌１９１１（明治44）年3月以降、鳴尾競馬場で数回にわたって飛行大会が開催された時には、1分毎に電車を走らせたこともあった。それにもかかわらず、電車の両端にある防護網の上にまで乗客があふれ、さすがの阪神も観客輸送に手こずったそうだ。この1分毎運転というのは、十日戎の〝間断ない運転〟と同レベルの大増発だったと思われる。ちなみに飛行大会は、当時最新鋭の乗り物だった飛行機が飛ぶところを披露する催しで、物珍しさから多くの観衆が詰めかけた。

こうして阪神は、沿線でのイベント開催時に電車の運転本数を最大限まで増やすノウハウを習得していった。とはいえ、香櫨園の日米野球も鳴尾の飛行大会も一過性のイベント。阪神は、恒久的に開催されるイベントを招致して〝安定収入〟を確保しようと知恵を絞った。

一方、中等学校野球大会を主催する大阪朝日は、1つのジレンマを抱えていた。各地の予選開催態勢が整い、出場校が増えるにつれ、短期間に数多くの試合を消化する必要に迫られたのだ。大会期間を長くすると、それだけ経費もかさんでしまう。その解決方法とされたのが、2つのグラウンドを使って試合を行うことだった。

鳴尾での飛行大会を主催していたのは大阪朝日。その縁で、同紙と阪神の間には〝パイプ〟があった。そしてここでも、豊中の阪急同様、電鉄会社から新聞社への働きかけが行われた。阪神の社史『輸送奉仕の五十年』に、大正初期に同社の運輸課長を務めた山口覚二の「鳴尾時代の夏の野球大会」という回顧談が載っている。それによると、山口が大阪朝日の小西勝一販売部長に「何か一つ新聞社の方でまとまったことを沿線においてやってもらえまいか」と打診。それに続けて「豊中での全国中等学校優勝野球大会では観衆が一日に二、三千人くらいあったかも知れぬが、うまくはけきれなかったようだ。こちらは客さばきにも自信がある」と、中等学校野球大会の誘致を持ちかけた。すると小西から、阪神が鳴尾競馬場に2つのグラウンドを作ってくれるなら一考する、との返答を得た。これを機に、鳴尾での大会開催へ向けた取り組みがスタートする。

阪神は鳴尾競馬場の馬場内を借り受け、そこに野球場2面と陸上競技のトラック、テニスコート、プールを備えた総合運動場を造成した。これを主導したのが山口だった。今度は『輸送奉仕の五十年』にある「広すぎた鳴尾運動場」の記述を引用する。日本陸上競技連盟会長だった春日弘《ひろむ》の回想だ。

「競馬場は砂地であったが、排水をよくするため下に石ころを敷きつめ、その上を粘《ね》ばり土《つち》とシンダー（石炭殻をふるいにかけたもの）を適度に混ぜて固められた。この土の配合については山口さんが熱心に研究されていた」

その山口の回顧談にはこう書かれている。

「甲山《かぶとやま》の赤土を試験的に持って来たが粘土質が強過ぎ、ベトベトしてスパイクに引っかかって動けない。困った挙句、請負の中島組に探させた。ところが淡路の洲本近くに山を削った土がある。これを橋戸君に見せると〝これならよかろう〟とのこと。そこで千五百坪か二千坪の土を船で運び、不足の分は黒い土を混ぜた」

話の中に出てくる「甲山」は西宮の西北にある火山の跡。「橋戸君」というのは、大阪朝日の記者だった橋戸頑鉄《がんてつ》（本名・信）のことだ。橋戸は、早稲田大学の野球部員だった1903（明治36）年、慶應義塾大学野球部に対して挑戦状を手渡し、それがきっかけとなって早慶戦が始まったとされている。後に東京日日新聞（現・毎日新聞）に移り、都市対抗野球大会を創設、大会の最高殊勲選手に贈られる橋戸賞にその名を遺した。また、鳴尾運動場の造成には、橋戸のほか、香櫨園の日米野球などで阪神との繋がりがあった大阪毎日の西尾守一も協力している。

こうして阪神は鳴尾運動場を完成させ、1917（大正6）年の第3回から中等学校野球大会の会場として提供した。もちろん、〝お家芸〟ともなった電車増発も開始する。開幕当日、8月14日の『大阪朝日』朝刊には、「電車増発」の見出しで以下の記事が載った。

「阪神電車会社にては当日多数観覧者の来場を予想して電車の増発を行い、梅田、神戸の両駅より一分毎に発車する筈」

記事は、これに続けて、すでに特別席入場券を持っている人でもそこが満員になったら一般席に回ってもらうので、なるべく早めに来場してほしい、と呼びかけている。そして最後に「選手のためには本日午前七時十分、特別電車を発す」と記した。この大会では、初日の第1試合を前に、初めて全出場校が勢揃いして入場式が行われた。選手がそれに間に合うよう、臨時電車を運転したのだ。この当時は観客だけでなく選手、大会関係者、新聞記者など、ほとんどすべての来場者が球場との往復に電車を利用していた。バスや自動車が移動手段として登場するのは、かなり後になってからだ。

鳴尾に会場を移し、阪神電車に乗って大勢の観客が来場したことで、大会の人気は飛躍的に向上した。大会の隆盛は阪神電車の存在なしには叶わなかったと言っても過言ではないだろう。

翌1918（大正7）年の第4回大会は米騒動により中止。再開後の第5回大会では、神戸一中が地元勢初優勝を果たした。同校の選手たちは、試合後すぐに、阪神が仕立てた臨時電車で神戸に凱旋した。

１９１９（大正８）年1月9日、阪神本線梅田－青木間で車両の連結運転が始まった。利用者の急増を受けた輸送力増強策の一環で、中等学校野球大会が鳴尾に移転する直前から許可を申請していた。それが、専用軌道を走る区間に限ってようやく認可された。当然ながらこの年の夏の大会でも、同区間で2両編成の電車が観客を運ぶようになった。その区間は１９２１（大正10）年11月7日以降、神戸までの全線に延長され、それと同時に急行電車が誕生する。

１９２０（大正９）年の第6回大会から北海道予選が実施され、同大会ではそれを勝ち抜いた北海中が本大会に初出場することになった。札幌から鳴尾へ。同校の選手たちには第1回大会の秋田中をしのぐ〝超長距離遠征〟が求められた。8月9日の『北海タイムス』は、その模様を次のように伝えている。

「必勝を期して　北中選手大阪へ出発　本道中等学校優勝チーム、北海中学野球部選手一行は、大阪鳴尾原頭に華々しく決戦を行うべく（中略）、七日午後四時五十分発列車で出発した」

「九名の選手及び二名のサーブはいずれも凛々しいユニホーム姿におめかしし、トランクの中には用球をしのばせてスポーツマンらしい元気を見せながら札幌停車場に現れた。

各駅停車毎にキャッチボールを行うのだという」
「おもむろに汽車が動き始めると、今さらのように握手が交わされ、万歳が三唱された。各選手は『ありがとう』の一言を残して去った」
記事にあるとおり、一行は8月7日に札幌を出た。大阪に着いたのはそれから4日目の10日朝6時30分。その旅程はおそらく以下のようだったと思われる。
7日　函館線旭川始発（小樽経由）函館桟橋行12列車で16時50分に札幌を出発
8日　5時37分函館桟橋着、7時30分発の青函連絡船に乗船、12時00分青森着。同駅13時30分発の常磐線回り上野行802列車、または14時35分発の東北線回り上野行202列車に乗車
9日　802列車なら10時40分、202列車なら12時40分に上野着（ただし、202列車を利用した場合、12時21着の赤羽で下車した可能性あり）、山手線電車に乗り換え、東京に移動、同駅16時50分発下関行急行3列車に乗り継ぎ
10日　6時30分大阪着
北海中一行は、函館線、東北（常磐）線、東海道線車中での3連泊を含む約61時間半の長旅の末に、ようやく大阪に到着した。そして、14日の大会初日、入場式直後の1回戦第

1試合で新潟代表の長岡中と対戦し、7対4で敗れた。試合開始9時30分、終了11時45分。4日がかりで大阪にやって来て、初日の第1試合で2時間15分戦っての敗退だ。仕方ないこととはいえ、選手たちはもうちょっと鳴尾にとどまっていたかったのではないか？　ただ、これはこの時の北海中に限ったことではない。遠来のチームは、試合をする前に、長距離長時間の移動と戦わなければならなかった。

ひとまず北海道大会が始まり、中等学校野球大会は名実ともに全国大会となったが、この年の四国大会決勝（香川商業対松山商業）と紀和大会決勝（和歌山中学対奈良師範）は鳴尾で行われた。これは、第1回の山陰大会同様、どちらかの地元で開催するとエキサイトした応援団がトラブルを起こす心配があったためだ。

翌1921（大正10）年の第7回大会からは、当時日本の統治下にあった朝鮮、満洲（今の中国東北部）でも予選が行われ、両予選を制した代表校が参加するようになった。それぞれの代表校は当然ながら船で海を渡ったが、大陸内と本州では鉄道を利用した。

同年の両地区代表はたまたま海沿いの都市にある学校だったので、本州に着いてから列車に乗った。満洲代表・大連商業は8月14日の開幕を前に、6日10時00分大連港発の大阪商船・哈爾浜《ハルピン》丸で出港、9日午前に神戸港に着くと、三ノ宮からの列車で大阪入りした

（どの列車を利用したかは不明）。また、朝鮮代表の釜山商業は10日8時30分釜山港発の関釜連絡船に乗船。11日7時30分に下関港に着くと、朝日新聞門司支局の通信部員、販売部員らの出迎えを受け駅前の山陽ホテルで休憩。その後、下関10時00分発の東京行急行4列車に乗り22時35分神戸着。さらに同23時05分発の大阪行332列車（明石始発）に乗り換え、23時36分に芦屋に到着して、駅近くの宿舎に入った。ちなみにこの当時、関釜連絡船は1日に昼行と夜行が往復1便ずつ運航されていた。また、釜山商業一行が乗った急行4列車は3等座席車（今の普通車）と食堂車（和食）だけの編成で寝台車はなく、下関を9時30分に発車する1、2等座席車、1、2等寝台車、食堂車（洋食）連結の東京行急行6列車を補完する形になっていた。それより格上だったのが、昼行の関釜連絡船を受けて下関を19時10分に出る2列車。こちらは、当時の国内（本州、四国、九州、北海道）では唯一の特別急行列車だ。もちろん、2列車には1列車、4列車には3列車、6列車には5列車という〝対になる〟下り列車（東京発下関行）があった。

これら、東京－下関間を直通運転していた優等列車は、関釜連絡船と接続していたことから、日本国内と海外を結ぶ〝国際線〟の役割を果たしていた。中でも下り1列車と上り2列車は日本の〝大看板〟。最上級の設備を備え、選び抜かれた乗務員によって運転された。後に3、4列車も特別急行に昇格。1929（昭和4）年9月15日には1、2列車に「富士」、3、4列車に「櫻」の愛称が付けられる。これは一般公募によって命名されたもので、日本の列車愛称の先駆けとなった。

1923（大正12）年の第9回大会には、朝鮮、満洲と同じく日本の統治下にあった台湾の代表が初出場する。初代代表は台北一中。1898（明治31）年に創立した台湾最初の公立中等学校で、今なお台北市立建国高級中学として存続している。

『大阪朝日』は8月7日と11日の紙面で台北一中の出発と到着を伝えた。それによると、同校一行は8月6日正午に台北駅を列車で出発、基隆で大阪商船香港丸に乗り込み、10日の13時00分に神戸に到着したとのこと。そこで、当時の台湾島内の列車時刻表を見ると、台北発12時10分、基隆着13時09分という20列車があった。また、大阪商船の日台航路のスケジュールは基隆16時00分発→3日後8時00分門司着、同12時00分発→翌日8時00分神戸着となっていた。台北一中が乗った香港丸はどこかで何かの〝トラブル〟があって、神戸着が5時間遅れたようだ。

同校は大会初日の16日に京都・立命館中と対戦、23対4で大敗した。1回表に1点を先制したものの、3回裏に打者17人の猛攻に遭い一挙14点を奪われ、その後も大量失点を重ねてしまった。この14点というのは、100年以上経った2023（令和5）年の第105回大会を終わっても、いまだに1イニング最多得点（取られたほうからすれば最多失点）の大会記録として残っている。

　鳴尾での大会開催はこの年まで。翌年には新設の甲子園球場に舞台が移され、中等学校野球はいよいよ新時代を迎える。

浜甲子園運動公園の一角にある「鳴尾球場跡地」の記念碑（筆者撮影）

コラム1

〝鉄道学校〟岩倉の快挙

1984（昭和59）年春の第56回選抜高等学校野球大会で東京の岩倉が優勝した。同校の沿革には、1897（明治30）年6月5日、神田錦町で「私立鉄道学校」として開校、1901（明治34）年に現在地の上野駅東隣に校舎を建設、1903（明治36）年に「鉄道の恩人、故岩倉具視公の遺徳に因んで、岩倉の二文字を校名に冠し、岩倉鉄道学校とする」と記されている。1948（昭和23）年の学制改革を機に鉄道の〝専門学校〟から総合制高校に変わったが、その後も運輸科での教育を通じて多くの鉄道職員を輩出してきた。

野球部が創部されたのは1960（昭和35）年。1984（昭和59）年の第56回の選抜大会で初めて甲子園の土を踏んだ。3月26日の開幕を前に、選手たちは20日朝8時20分から国鉄上野駅前で開かれた壮行会に出席、東京9時12分発「ひかり521号」に乗り、12時26分に新大阪に着いた。岩倉の売り物は打力。それは、鉄道学校にちなんで〝D51打線〟と称された。

初戦は29日。広島・近大福山を下して記念すべき初勝利を挙げ、〝鉄道学校〟らしさ満載の校歌を甲子園に響かせた。次いで4月1日、秋田・金足農業に勝つと『毎日新聞東京版』には「グングン加速　岩倉特急」の見出しが躍る。翌2日の準々決勝、茨城・取手二との〝常磐線対決〟も制し、同紙の見出しは「こうなりゃ岩倉『新幹線』大船渡も撃破して上野発〝決勝行き〟だ」とヒートアップ。3日の準決勝ではそのフレーズどおりに岩手・大船渡をサヨナラで破って決勝に駒を進めた。

決勝の相手は、前年夏の第65回選手権大会を1年生の桑田真澄、清原和博らの活躍で制した大阪・PL学園。もちろんこの春も2人は健在。特に清原は準決勝までに3本塁打を放っていた。試合は桑田と岩倉のエース・山口重幸の息詰まる投手戦となったが、岩倉が8回裏に先制。これを山口が守り抜いて1対0で勝ち、初出場初優勝の快挙を成し遂げた。

紫紺の大優勝旗を手にしても、選手たちは「信じられない」と実感がわかない様子。翌5日、新大阪10時54分発「ひかり524号」で帰路に就く様子を報じた『毎日新聞』の記事には次のような一節があった。

「いつも明るい岩倉ナインらしく『東京に着いたら夢がさめているかもしれない』と冗談を飛ばし、一般乗客も爆笑」

一行は14時08分に東京に到着。ホームには500人のファンが待ち構え、降り立った選手たちをもみくちゃにした。それよりもっと凄かったのが、同校の地元・上野駅。なんと

3万5千人が集まり、あまりの人の多さで予定されていた歓迎セレモニーは中止されてしまった。

大騒ぎになったのは地元の人たちだけではない。5日の『毎日新聞東京版』は、「岩倉高は創立八十八年目。鉄道マン養成校として有名で卒業生の六割が鉄道関係に勤める。この日は各駅の駅長さんが、出札係が、車掌さんが母校の活躍に酔い、勝利の喜びにひたった」と報じ、当時の国鉄荻窪駅長や営団地下鉄乗客専務、田園都市線長津田駅助役、小田急電鉄広報課、西武鉄道運転司令副司令長といった肩書の人たちの喜びの声を紹介している。鉄道業界に勤めるすべての岩倉OBが、母校の快挙を祝福した。

第2章

新時代の幕開けから戦争による中断まで

春のセンバツ創設と甲子園球場開場

1924（大正13）年は、高校野球（当時は中等学校野球）にとって、いわゆる〝エポックメイキング〟の年となった。同年4月1日から第1回全国中等学校選抜野球大会が行われ、〝春のセンバツ〟が始まったことと、全国中等学校優勝野球大会の会場が、新しくできた甲子園球場に移されたことが重なったからだ。その2つの出来事は〝高校野球新時代〟の幕開けを告げた。

まずはセンバツ。最初の大会は名古屋市郊外の八事にできたばかりの山本球場で行われた。同球場は、大須の運動具店主・山本権十郎が敷地を購入し自らが設計責任者を務めて建設した野球場。1922（大正11）年に完成し、当人の姓がそのまま球場名となった。

主催は大阪毎日。予選勝ち抜きで代表校を決める夏の大会に対し、地域バランスを考慮しながら実力上位の学校を選び出して行う全国大会として創設された。第1回大会に選抜されたのは、早稲田実業、横浜商業、愛知一中、大阪・市岡中、立命館中、和歌山中、高松商業、松山商業の8校。各校を擁する都府県のレベルが評価されていたことを反映している。それから100年経った今でも、これらの都府県から出てきた学校は強い、というイメージはあるだろう。

名古屋での開催とした理由について、『大阪毎日新聞』（以下、『大阪毎日』）は、豊中、鳴尾の夏の大会で関西の学校が強いのは〝風土の関係〟（地の利）という説を試すためであり、強豪揃いの中京には熱心なファンも多く、そのファンたちの「地元で大会を見たい」という希望を無視できなくなったから、と説明している。それに加え、愛知での新聞販売拡張を図った、八事に新しい球場ができた、関西で夏の大会を主催している大阪朝日に遠慮した、などの理由が重なったと考えられる。とはいえ、夏の大会の創設と鳴尾移転の時にあったような電鉄会社と新聞社のやり取りはそこにはなかった。

『大阪毎日』は、開幕前日の3月31日の紙面で高松商業と横浜商業の〝来名〟を報じた。

「高松商業は五十余名の応援団と共に三十日午前四時四十三分名古屋駅着の上り列車で来着」

「横浜商業は大震災後初めての大会試合とて、本大会にて優勝の栄冠を得、衰えた郷土を振作せんと悲壮な意図を抱いて三十一日午前九時十三分来名の筈」

高松商業は29日に船で高松を立ち、同日中に神戸に到着。神戸22時36分発の26列車（明石発東京行）に乗り継いで、30日早朝に名古屋にやって来た。〝鳴尾より遠い地〟で戦った同校は1回戦で和歌山中と対戦、7対6で逆転サヨナラ勝ちし勢いに乗る。準決勝では地元の愛知一中に7対1で圧勝、決勝も2対0で早稲田実業を完封し、初代王者となった。

前年9月に関東大震災に見舞われたばかりの横浜商業は、復興途上の郷土を振作する（奮起させる）ことを目指し、東京発糸崎行31列車で30日23時31分に横浜をたち、大会前日の朝9時13分に名古屋に着いた。この時の横浜駅は、1915（大正4）年8月15日から使われていた2代目。その駅舎は関東大震災で倒壊、焼失した。同駅が今の位置に移るのは1928（昭和3）年10月15日のことだ。

横浜商業は1回戦で市岡中と対戦した。試合は9回までにお互い13点ずつを取り合い延長戦に突入、そこからは〝0行進〟が続き、延長14回日没引き分けとなった。翌日の再試合はまたしても大乱戦。結局21対13で市岡中が勝ち、横浜商業は両試合で大量13点ずつを挙げながら勝てなかった。

第1回選抜大会で観客輸送の主役を務めたのは尾張電気軌道（尾電）。1908（明治41）年8月31日に飯田街道の千種－八事間で開業した馬車鉄道をルーツとし、1912（明治45）年から路面電車を運行していた。1915（大正4）年に火葬場を併設した名古屋市営八事霊園が完成すると、八事から同霊園まで路線を延長、遺体を運ぶ〝霊柩電車〟を走らせた。日本で唯一とされるこの電車は、自動車（霊柩車）が普及する昭和の初めごろまで稼働していたという。

尾電は選抜の観客輸送で大きな臨時収入を得た。これを機に自社で野球場を建設、同年中に八事尾電球場を完成させた。同球場と山本球場では、選抜の舞台が第２回大会から甲子園に移った後も、夏の愛知予選が開催された。２つの球場があった八事は、中等学校野球のメッカと称されるまでになったという。

山本球場は、後に社会人チーム・国鉄名古屋鉄道局の野球場となり、「国鉄八事球場」（国鉄民営化後は「ＪＲ東海八事球場」）と呼ばれ、１９９０（平成２）年まで存続した。昭和20年代、享栄商業野球部がここを借りて練習していた時期があった。同校の金田正一の投球を球場管理人の国鉄職員が見て驚き、そこから上がっていった報告がプロ

八事球場跡に建つ「センバツ発祥の地」の記念碑（筆者撮影）

野球・国鉄スワローズの幹部に届いて金田の同球団入りに繋がった、という逸話も残されている。

尾張電気軌道は1937（昭和12）年に名古屋市に八事尾電球場込みで譲渡された。路面電車は名古屋市電八事線となり、1974（昭和49）年まで存続。球場は東邦商業野球部のグラウンドになったが、1958（昭和33）年に閉鎖された。八事の2つの球場は、鉄道と高校野球を繋ぐ役割を果たしていたと言えるだろう。

ところで、大正末期、八事が中等学校野球の中心地になった頃には、鉄道網がほぼ全国各地に張り巡らされていた。とはいうものの、まだ線路が繋がっていないところもかなりあった。岐阜県の高山地方もその1つ。高山に鉄道が通ったのは1934（昭和9）年10月25日で、岐阜からの線路は大正末期の時点では下呂の手前までしか達していなかった。そんな時代ならではの話が、玉腰年男著『東海野球史』（風媒社刊）に載っている。高山の斐太《ひだ》中野球部が1924（大正13）年夏の東海予選に参戦するため、八事尾電球場に遠征した時のことだ。

「野球部員は（中略）、小倉の制服にわらじをはき、編上靴を肩にふりかけ、野球道具やユニフォームの包みを手に下げて高山町を出発した。高山町から萩原まで歩いて一泊、翌日はまた飛騨金山で一泊、三日目にようやく岐阜からの電車の終着駅である関にたどり着いた。この間の行程約四十三里、いまでいう百七十㎞の長丁場である。ここで、わらじを編上靴にはき替えて岐阜市へ、そして岐阜や名古屋の練習試合で腕を磨き、本番の東海予選に臨んだという」

斐太中選手たちが目指した関には、1911（明治44）年に美濃電気軌道が開業させた電車線が通じていて、それに乗れば岐阜市街の柳ヶ瀬まで行けた。高山線は岐阜から上麻生まで開通していたが、彼らは飛騨金山から電車が走っている関へ歩みを進めたわけだ。

同書には、選手を引率した谷口順三先輩の言葉も紹介されている。

「交通の便がないので歩くのは当たり前、当時の部員は、野球をやるからには東海予選へ出なくては……の意気に燃えていた」

全国大会出場に直結する地方予選への参加が、自分たちの存在を示す唯一の場であることを、〝山奥〟の野球部員たちも認識していた。夏の大会は、創設から10年ほどしか経っていなかったものの、全国の中等学校野球部員にとってそれほど価値のある目標になったということだ。『全国高等学校野球選手権大会100回史』（朝日新聞社刊。以下、『高校野球選手権100回史』）によると、斐太中が東海大会に初挑戦したのは1921（大正

10）年の第7回大会。『東海野球史』にエピソードが記された1924（大正13）年はそれ以来3年ぶりの出場で、1回戦で愛知・一宮中を6対5で破り、3年前に続いて初戦突破を果たしている。2回戦では豊橋中に8対4で敗れるが、約170㎞の徒歩移動を含む長距離遠征をものともしない健闘を見せた。

では、1924（大正13）年のもう1つの一大事、甲子園球場の話に移ろう。

鳴尾での夏の大会は回を重ねるごとにますます人気を呼んだ。競馬場の馬場内に建てた木造の観覧席は、当然ながら大観衆を収容できない。野球場新設の必要性は、主催者の大阪朝日も鳴尾球場を提供していた阪神電鉄も認識していた。1923（大正12）年の第9回大会準決勝、兵庫・甲陽中対立命館中の試合中に、観客がグラウンドにあふれ出てしまった。これを機に、阪神は新球場建設を決めた。

ちょうどその頃、兵庫県は、川床の上昇で大雨のたびに氾濫を繰り返す武庫川の堤防補強工事に取りかかっていた。その資金を捻出するため、鳴尾競馬場（球場）の西側を流れる枝川と申川《さるがわ》を廃川とし、その土地を払い下げることが決定された。阪神はこれを買い受けていて、川をまたいでいた電鉄本線の山側に住宅地、海側に大運動場やレジャー施設を建設する構想を持っていた。新球場建設の下地は整えられていたのだ。

阪神は、第9回大会終了から3カ月ほど経った1923（大正12）年11月末の役員会で新球場建設を決定、翌1924（大正13）年3月11日の起工式から8月1日の竣工式まで、わずか5カ月足らずの工期で6万人収容のスタンドを擁する大球場（運動場）を完成させてしまった。

阪神の『輸送奉仕の五十年』に「甲子園の三十年（社内関係者の座談会）」という項がある。そこに収められた野田誠三（座談会開催時は社長。後の会長。阪神タイガースのオーナーも務めた）の話によると、役員会での決定前から内々に建設準備を進め、一応の設計はできていたとのこと。渡米経験のあった当時の専務・三崎省三が、入社したばかりの野田に設計を命じ、それに応じた野田が図面を作って予算案を出したそうだ。これがいつ頃のことだったのかはハッキリしない。しかし、野田が入社した1922（大正11）年の11月末に枝川、申川の買い受け契約がまとまったそうで、内々の準備はそれから間もなく始まっていたのかもしれない。そういう下準備があったからこそ、わずか5カ月弱という短期間で建設工事を完了させられたと思われる。

野田が正式に新球場の設計主任になったのは、1924（大正13）年になってからとされている。その前年には初代ヤンキー・スタジアムが開場していた。座談会の中で野田は、建設の参考にするため、三崎に渡米を申し出たが、「見に行く間がないよ」と断られた、代わりに「設計図を送ってほしい」とヤンキースに頼んだが、ついに返事は届かなかったと語り、座談会の笑いを誘った。

球場建設の過程で苦心したのは、やはりグラウンドの土だったようだ。建設用地は２本の川とそれにはさまれた中洲の跡。鳴尾同様の砂地だった。野田は次のように語っている。

「グラウンドは水はけをよくするため、付近の土地より全体に三尺くらい盛り上げた。内野から本塁の後方のところは、五寸角から一尺角くらいの大きな石を敷き詰めて、その上に小石を敷きならべ、さらに石炭殻と砂の混合したものを敷きつめ、これを基礎としたのです。上の仕上げの土は山土でないといけないが、阪神間は白砂青松の地で土が白い。白くては選手も見物衆も目が疲れるから黒土を探した」

そこでまずは尼崎の蓬川《よもがわ》の土が黒いので持ってきた。ところが乾くと白くなって使い物にならなかった。座談会ではここで笑い声が上がっている。次に神戸の熊内《くもち》という大根の産地の土を試したが、パサパサしていて粘り気がない。

「淡路に赤土があるというのでそれを買って混ぜ、赤黒い色にして二寸から三寸敷きつめた」

砂地、石ころ、石灰殻、淡路の土……。見覚えのある言葉が並んでいる。そう、甲子園球場の建設も鳴尾運動場を作った時と同じような経緯をたどったのだ。

一方、スタンドは、どこからでも同じようにグラウンドを見渡せるよう、その傾斜を「放物線を描いた球面」にした。確かに甲子園のスタンドの傾斜は直線的ではない。大雑把に言えば全体が丼、ボウルのような形になっている。それについても野田の話がある。

「これは仕事が非常に厄介で、計算に難儀したですよ。あとからの球場も、これを真似ることをようしなかった。これには高等数学を必要とするが、アメリカにはやっているところがある。甲子園は日本で一番初めにつくって、最新式のことをやっています」

まさに〝阪神の誇り、甲子園にあり〟といったところだろう。

それにしても、神宮球場も後楽園球場もなく、今に繋がるプロ野球も始まっていない時代。いくら鳴尾が手狭だったからと言っても、6万人（一説には8万人、公称は約5万人）収容の大球場を作ってしまうというのは想像を絶するスケールだ。野田は「この時の三崎さんの英断は実にえらいと思うね」と、建設に青信号を灯した三崎を讃えた。

三崎は、甲子園球場の名付け親でもあった。『高校野球選手権１００回史』の「甲子園

完成当初の甲子園大運動場（阪神電気鉄道提供）

球場物語」に、三崎の言葉が収められている。

「本年はきのえ・ねの年であります。甲は十干の、子は十二支のトップであります。これから建設しようとする野球場も、日本一、東洋一のものでありたい」

三崎は、球場建設に着手する前、１９２４（大正13）年の元旦に西宮の〃えべっさん詣で〃をした時に「ひらめいた」という。西宮の〃えべっさん〃と言えば、開業間もない阪神が十日戎の参詣客輸送で大繁盛して大きな御利益を得たあの西宮神社だ。三崎のひらめきも、阪神にとっては〃えべっさん〃の御利益。改めて言うまでもないが、実にいい名前を授かったと思う。新球場は、正式には「甲子園大運動場」と命名された。いわゆる〃多目的スタジアム〃として建設されたからだ。とはいえ、中等学校野球大会の開催を主目的にしていたことは間違いない。

甲子園球場に舞台を移した第10回の同大会は、１９２４（大正13）年８月13日の水曜日に開幕した。平日の初日～3日目は巨大スタンドに空席が目立ったが、4日目の8月16日土曜日午前中には、それが大観衆で埋め尽くされた。その様子を『大阪朝日』は17日付けの夕刊（16日午後に発売）1面で次のように伝えた。

「早朝から大会場を目がけて押寄せる観衆は阪神電車の各停留場に詰めかけ大混乱を呈し、殊に梅田停留場では会社創設以来の名切符売りが浴衣がけで巧みに外部の乗客を整理しつつ出札する」

「かくて、雪崩込んだ大観衆のため午前八時半というに、さしもの大スタンドも指定席以外は文字通りすし詰めとなり、表門に満員札を掲げる盛況で、なお陸続と集まるファンは外野のスタンドにも満ち溢れ、午前十時半、阪神電車はついに各停留所に『内外スタンドとも満員につき乗車お断り』の掲示をなすに至り」

先に引用した『高校野球選手権大会史』の小西作太郎の寄稿によれば、鳴尾時代の1920（大正9）年第6回大会2日目に、すでに「超満員につき入場不能」の張り紙が阪神の各停留所に掲示されていたとのことだが、甲子園大会ではこれが初の〝満員通知〟だった。

甲子園球場での同大会の開催により、今で言う高校野球と阪神電鉄との結びつきは確固

本社主催 全國中等學校野球大會 （第一日夕刊號）

本壘打盛んに飛ぶ

苦熱を忘れて唯醉ふ觀衆

十對零＝鳥取梓尾の猛打に京城敗退

各校のエール

アサヒスポーツ

明十五日發行

野球大會號

甲子園球場開催初日の記事。1924（大正13）年8月14日付け大阪朝日新聞

たるものになった。

嘉義農林の準優勝と中京商対明石の延長25回

甲子園球場を作った阪神は、中等学校野球大会の観客輸送に、より一層力を入れた。

もともと川が流れていたところに球場を作ったので、その近くを通っていた阪神本線にはアクセス駅がなかった。さっそく阪神は枝川鉄橋付近に臨時停留場を作り、球場竣工式とそれを記念した阪神間学童体育大会が行われた1924（大正13）年8月1日に営業を開始した。これが甲子園駅の始まりだ。

臨時停留場を作ったとはいえ、2000〜3000人の収容能力しかなかった鳴尾から6万人を収容できる甲子園に舞台が移され

甲子園停留場本線ホーム上からの眺め（年代不明。そのため、停車中の電車が本線から下ってきた回送車両か甲子園線の車両かはわからない）（阪神電気鉄道提供）

た。自分でそんなに大きな〝器〟を作っておいて、本業の電車で観客をさばききれなかったら面目丸つぶれだ。そこで阪神は、臨時駅から北側の斜面に沿って廃川跡に下る引込線と、そこからスイッチバックして本線の鉄橋をくぐる電車留置線を急造した。大増発した電車を回送してこの留置線で待機させれば、本線上で電車が渋滞することはない。そして、帰りの観客が集中する時にそこから電車を本線に戻せば、すぐに臨時電車を増発できる。見事な廃川跡の有効活用だった。こうして態勢を整えた阪神は、無事に最初の甲子園大会を乗り切った。

翌1925（大正14）年からは、春の選

寝屋川球場跡の記念碑（筆者撮影）

抜中等学校野球大会も甲子園で開催されるようになった。さらに、1929（昭和4）年、陸上やサッカー、ラグビーなどの競技を実施できる甲子園南運動場が開場すると、甲子園大運動場はますます中等学校大会のための野球場という色合いを濃くしていった。

ところが、ここまでの歴史の中で、ひょっとしたらそうはならなかったかもしれない、ということがあった。選抜大会が始まった頃、京阪電気鉄道が同大会の誘致を目指していたのだ。

1910（明治43）年4月15日に大阪・天満橋と京都・五条（現・清水五条）を結ぶ〝都市間鉄道〟を開業させていた京阪は、豊中グラウンドや鳴尾球場にならい、自前の運動場を建設した。それが1922（大正11）年4月竣工の京阪グラウンド。今の寝屋川市駅の北東に建設され、近くには運動場前という臨時停留場も設けられた（後に常設駅に昇格、戦時中の運動場売却と宅地化に伴い豊野に改称、戦後に廃止）。当初は陸上競技場だけだったが、すぐに野球場が併設され、寝屋川球場と称された。その建設には大阪朝日の運動部が協力したという。

同球場では大学の公式戦や、全国実業団野球大会と銘打った今で言う社会人野球の全国大会などが行われた。その頃の全国実業団野球大会は、新聞社などが主催し、寝屋川球場のほか甲子園球場などで開催されていた。この大会には、京阪電鉄や阪神電鉄が保有していたチームも出場したことがある。さらに寝屋川球場は、１９２４（大正13）年からの数年間、中等学校野球大阪大会（夏の予選）の会場にもなった。

そうした中、京阪は始まったばかりの選抜大会の誘致に向けて動き出す。主催者の大阪毎日は、同大会を大阪朝日が主催する夏の大会とは一線を画すものにしようとしていた。予選なしに出場校を選出したり、名古屋の八事で初回大会を開催したりしたのは、その意欲の表れだった。大阪毎日は京阪の動きに好感を持ったという。

ところが、京阪の選抜大会誘致計画はあえなく頓挫してしまう。当の京阪側が誘致を断念したのだ。理由は、電車の運行を取り仕切る同社の運輸課が「選抜の開催時期は春の行楽シーズンに重なり、観客をさばく余裕がない」と結論付けたから。それに加え、ひょっとしたら前年の甲子園の盛況ぶりを目の当たりにして、それと同じくらいの大観衆が押し寄せたら、自社の能力ではとても対応しきれないと思ったのかもしれない。甲子園の規模はとにかくズバ抜けていた。

甲子園に移転した途端の大盛況は、中等学校野球ブームに火を付けた。1925（大正14）年夏の大会は、参加校数が前年より40校近く増えて302校に達した。期間中、阪神電車で甲子園にやってきた人の数は32万9337人。準決勝の入場者7万5000人のうち、5万3000人余りが阪神電車を利用したという。

その大ブームについて、先にも引用した『輸送奉仕の五十年』の座談会の中で、野田誠三が次のように振り返っている。

「当時は野球は判らんが、とにかく行って見よう、行けば大きなスタンドで、寝ながら見られて涼しいという程度の連中も多かった。それらが見ているうちにだんだん判ってくる。ファンというのはこうしてできた。（中略）とにかく大きいものができたゾ、一度見に行こうという程度の動機から燎原の火の如くひろがって行った。こういった意味でも、この球場は日本の野球の発達ということに大きな貢献をしておるね」

甲子園の夏は暑いが、風通しはよく、大きな屋根で直射日光を避けられるところは意外に涼しい。今は熱中症に注意するよう頻繁に場内アナウンスが行われているが、100年前は本当に涼しかったのだろう。ズバ抜けて大きい野球場を一目見ようと、避暑を兼ねて多くの人々が訪れ、そういう人たちが次第に野球通になっていった。

1926（大正15）年の選抜大会期間中からは、急行電車の甲子園停留場臨時停車が始まった。また、夏の大会を前に、その臨時停留場が常設駅に昇格、同時に甲子園球場開設時に設置した留置線を活かし、甲子園と浜甲子園を結ぶ甲子園線が開業した。

時代は大正から昭和へ。1927（昭和2）年の第4回選抜大会は、大正天皇崩御の諒闇（喪に服する期間）が明け、新天皇（昭和天皇）の誕生日として祝日になった4月29日から3日間にわたって開催された。出場校数は前年の半数の8校に縮小されたが、開幕を待ちわびた人々がドッと繰り出し、祝日に重ねられた初日にはその数が10万人に達した。前年夏を上回る新記録。とはいうものの、いくら何でもこれは多すぎる。いわゆる〝主催者発表〟の数字だろう。

同年夏の第13回大会初日、8月13日から、ＪＯＢＫ（現・ＮＨＫ大阪放送局）が大会のラジオ実況中継を開始した。これが日本初のスポーツ実況放送となった。阪神社内からは、球場に足を運ばなくても試合の様子がわかってしまうので客足に響くと危惧の声も上がったようだが、むしろそれがさらなる関心を呼び、来場者の数が減ることはなかった。

この大会の直前、8月11日の『東京朝日新聞』には、「名古屋から甲子園へ　野球見物列車　中等学校野球観覧者のため名古屋鉄道局破天荒の計画」という見出しでこんな記事が載った。

「(前略) 名古屋鉄道局では、準決勝挙行の前夜、すなわち十七日午後十時半名古屋発、野球見物臨時列車（定員五百名）をだすことになった。競技見物のため鉄道が臨時列車をだすことはこれが初めて」

すでに明治時代には競馬観戦客のための団体臨時列車が走ったことはある。また、東京の歌舞伎役者一行が新橋の芸者衆ともども、東海道線の一等車を貸切にして京都・島原の競馬場に遠征したという話もあった。しかし、野球観戦のための団体臨時列車を走らせたのはこの時が初めて、ということだろう。中等学校野球のラジオ中継と観戦用団体列車の運転は昭和の幕開けとともに始まった。

1931（昭和6）年夏の第17回大会では、台湾代表の嘉義農林《かぎのうりん》が準優勝した。監督は1919（大正8）年夏の大会に松山商業を初出場させた近藤兵太郎。後に台湾に渡り嘉義農林の野球部を指導、1931（昭和6）年に正式に監督となった。当時、ほとんどの日本人は現地の人たちを見下していたが、近藤は日本人、台湾人（中国本土の広東省、福建省の出身者）、原住民（高砂族）の選手にはそれぞれの〝持ち味〟があるとして分け隔てなく接し、その頃は当たり前だったスパルタ方式でチームを鍛え上げた。すると、同年7月末に行われた台湾大会決勝で台北商業を11対10（延長10回表、9対9の同点から2点を取って勝ち越し、その裏の反撃を1点に抑える辛勝）で下し、甲子園初出場を決めた。

嘉義農林の一行は7月31日、嘉義10時17分発の急行2列車でまずは台北へ。それは、始発の高雄から日台航路が発着する基隆へ向かう台湾縦貫線の看板列車だった。同線の正式開業は1908（明治41）年4月。急行2列車には1、2、3等車と食堂車が連結されていた。

台北に着いた一行は8月1日と2日に圓山球場で台北の中学選抜チームと壮行試合を行い、これを連勝する。そして、4日8時28分発の16列車で台北をたち、基隆港から大阪商船蓬莱丸に乗り継いだ。神戸に着いたのは7日の13時。宿舎は甲子園の田中屋旅館だったので、そこからはおそらく阪神電車を利用したはずだ。

嘉義農林は自慢の強打と駿足を活かした攻撃で神奈川商工、札幌商業、小倉工業を相次いで撃破。決勝では中京商業に4対0で敗れたものの、見事な活躍を見せた。その戦いぶりは多くの人たちを魅了し、作家の菊池寛も『大阪朝日』に「僕はすっかり嘉義びいきになった」と寄稿した。

同校一行は8月21日に決勝を戦った後、京都、東京、名古屋、伊勢などを周遊した。早い話が修学旅行。遠来の中等学校生にとっては最高のご褒美だ。先の項で北海中が大会の帰りに東京見物をしていたのではないかと推測した根拠はここにある。

嘉義農林と台北交通団の選手たちが凱旋した基隆港（2023年12月筆者撮影）

台湾初の輝かしい成績を収めた嘉義農林は、大阪商船大和丸で27日12時に神戸を出航、帰路に就いた。これには、同年の都市対抗野球大会でベスト4入りした台北交通団の選手たちも乗船していた。
両チームの凱旋を一目見ようと、基隆港に大勢の人々が詰めかけた。一行は30日13時30分に到着、同14時10分発の29列車に乗り換え、14時55分に仲良く台北に到着した。嘉義農林の選手たちはそこで1泊。翌31日の急行1列車（2列車とは逆の基隆発高雄行）で8時30分に台北を出て、14時14分に嘉義に戻った。ちょうど1カ月間の長旅だった。

その後、嘉義農林は１９３５（昭和10）年の第21回大会にも出場、準々決勝でかつて近藤が率いていた松山商業と対戦する。延長10回5対4の接戦を制したのは松山商業。同校は準決勝、決勝も勝って初優勝を果たした。近藤に対する最高の恩返しと言えるだろう。

近藤が残した「球は霊（たま）なり。霊正しからば、球また正し。霊正しからざれば、球また正しからず」という名言を刻んだ顕彰碑が松山坊っちゃんスタジアムのかたわらに建っている。辞世の句は「球を逐ひつ　球に逐はれつたまの世を　終わりて永久（とわ）に霊石（たまいし）の下」。〃球道一筋〃の生涯を送った近藤は、２０２４（令和6）年1月、台湾棒球名人堂（野球殿堂）に入った。

第17回大会で嘉義農林を破って優勝した中京商業は、翌年の第18回、翌々年の第19回大会も制して空前絶後の夏３連覇を達成する。夏は３年間負けなかった同校を最も苦しめた

松山坊っちゃんスタジアム前に建てられた近藤兵太郎の記念碑（筆者撮影）

のが1933（昭和8）年、第19回大会の明石中だ。両校は8月19日の準決勝第2試合で対戦、かの有名な延長25回の大激闘を繰り広げた。最後は無死満塁からのセカンドゴロで本塁を封殺しようとした二塁手の送球が逸れ、1対0で中京商業が勝った。試合開始13時10分、終了18時5分、試合時間4時間55分というのが公式記録。この試合について『高校野球選手権70年史』には次のような逸話が記されている。

「この日午後、下り特急『つばめ』で大阪駅に降り立った乗客は、実況放送にむらがるファンに「これは中京ー明石の試合ですか」と不審顔。名古屋の自宅で1時間半放送を聞き、心を残して車中3時間、汽車の旅より長い試合だった」

特急「燕」は、1930（昭和5）年10月から東海道線東京ー神戸間で1日1往復運転されていた当時の最速列車。それまで特急でも10時間40分かけて走っていた東京ー大阪間を8時間20分で駆け抜けた。ご存知の方も多いだろうが、この列車の運転にあたっては、今では考えられないようなスピードアップ策が講じられた。まず、停車駅を横浜、国府津、名古屋、大垣、京都、大阪の6駅に絞った（表2）。東京ー国府津間は電化されていたが、そこから先は非電化。電気機関車の牽引で東京を出ると、国府津までのどこかでそれを蒸気機関車に付け替えなければならない。その時間を惜しんで、東京から蒸気機関車に牽引

■（表2）「燕」運転開始時と丹那トンネル開通時の東海道本線特急時刻表
（左表）1930（昭和5）年10月「燕」運転開始時
（右表）1934（昭和9）年12月丹那トンネル開通時

	燕	櫻	富士
座席車	1、2、3	3	1、2
寝台車			1、2
食堂車	洋	和	洋
東京発	9:00	12:45	13:00
横浜着	9:25	13:10	13:25
横浜発	9:27	13:13	13:28
国府津着	10:10	13:54	14:09
国府津発	10:10	13:59	14:14
小田原着	‖	‖	‖
小田原発	‖	‖	‖
熱海着	‖	‖	‖
熱海発	‖	‖	‖
沼津着	レ		
沼津発	レ	15:10	15:23
静岡着	レ	15:57	16:10
静岡発	レ	16:00	16:13
浜松着	レ	17:06	17:19
浜松発	レ	17:11	17:24
豊橋着	レ	17:43	17:56
豊橋発	レ	17:45	17:58
名古屋着	14:29	18:44	18:57
名古屋発	14:34	18:50	19:02
岐阜着	レ	19:16	19:28
岐阜発	レ	19:18	19:30
大垣発	15:12	19:34	19:45
米原着	レ	20:08	20:19
米原発	レ	20:13	20:24
大津発	レ	21:03	21:14
京都着	16:41	21:13	21:24
京都発	16:44	21:18	21:29
大阪着	17:20	21:54	22:05
大阪発	17:24	22:00	22:12
三ノ宮発	17:56	22:33	22:47
神戸着	18:00	22:37	22:51
		8:35	8:50
		下関	下関

燕	櫻	富士
1、2、3	2、3	1、2
	2、3	1、2
洋	和	洋
9:00	13:30	15:00
9:26	13:56	15:26
9:27	13:58	15:28
レ	レ	レ
レ	レ	レ
レ	14:46	16:16
レ	14:47	16:16
レ	15:08	レ
レ	15:09	レ
10:56	15:31	16:58
11:00	15:35	17:02
11:45	16:20	17:47
11:48	16:22	17:49
レ	17:26	18:53
レ	17:31	18:56
レ	18:02	19:29
レ	18:03	19:30
14:17	19:00	20:27
14:22	19:05	20:32
レ	19:30	20:57
レ	19:31	20:58
14:58	19:45	21:12
レ	20:19	21:46
レ	20:21	21:47
レ	21:09	22:35
16:25	21:19	22:45
16:26	21:24	22:48
17:00	22:00	23:22
17:02	22:07	23:27
17:33	22:36	23:55
17:37	22:40	23:59
	8:00	9:30
	下関	下関

させた（はじめはＣ51。ほどなくＣ53に置き換え）。国府津と大垣にとまったのは、両駅の先にある登り勾配の区間を通過するのに、列車を後押しする機関車＝補機を連結するため。これをなんと30秒で済ませた上、坂を登り切った駅（御殿場と柏原）付近で列車を止めずに切り離した。これぞまさに〝離れワザ〟だ。

中京商業対明石中のラジオ中継を自宅で聴いていた先の乗客は、名古屋を14時34分に出る「燕」に乗車、17時20分に大阪に着いた。「実況放送にむらがるファン」というのは、駅前に設置されていた〝街頭ラジオ〟の聴衆だ。「まだあの試合が続いているのか?」。「燕」を降りた乗客が驚いたほどのロングゲームだった。大延長戦を語るのにふさわしいエピソードだが、裏を返せばそれだけ「燕」が速かったということだ。

この試合では、両チームの投手がともに完投した。中京商業は２年前の優

1930（昭和5）年にデビューした特急「燕」（鉄道博物館所蔵）

勝時からエースを務めていた吉田正男で、336球を投げた。吉田は後に明治大学野球部に進み、在籍中に史上初の4連覇を含む5回の優勝を経験。さらに藤倉電線（現・フジクラ）に入社し都市対抗でも優勝して橋戸賞を獲得する。その後は中日新聞のアマチュア野球評論家としても活躍。1992（平成4）年に野球殿堂入りし、1996（平成8）年に82歳で亡くなった。

一方の明石中は中田《なかた》武雄で、投球数は247。しかし、中田は控え投手だった。1学年上に、楠本保《たもつ》という絶対的エースがいたからだ。両校は同年春の第10回選抜大会準決勝でも顔を合わせていて、その時は吉田の押し出しフォアボールで挙げた1点を楠本が守り抜き、明石中が1対0で勝利を収めていた。ところが、夏の大会では楠本が体調を崩し、2回戦の水戸商業戦と準々決勝の横浜商業戦では中田が救援登板していた（水戸商業戦は2人のノーヒットノーランリレー）。そしてこの試合では中田が先発、楠本はライトに回った。

中田と楠本はその後、慶應義塾大学野球部に進学、さらに卒業後は2人とも台湾の企業に就職した。太平洋戦争が始まって間もない1942（昭和17）年に2人は出征、中田は南方戦線へ、楠本は中国大陸へ送られた。そして、1943（昭和18）年夏、それぞれ敵の攻撃を受けて戦死した。25回を戦って勝った吉田と、涙を呑んだ中田と楠本。その後の人生も対照的だった。

戦前の野球ブーム、そして戦時体制へ

１９３７（昭和12）年の選抜大会開幕を前に、『大阪毎日』は前景気を煽るさまざまな記事を連日掲載した。その中に、まるで本書のために書いたのではないかと思うほどのものがあった。「野球挿話」という連載コーナーの３月23日版だ。そこには、大会期間中の阪神電車の輸送態勢が細かい数字をまじえて記されていた。

「今度は輸送面——阪神電車の輸送能力は日本一という折り紙つきであるが、その車両の配分を運輸課運転記録係に聞く……。まず本線の神戸、大阪間には三両連結の特急が六分おきに十三両、特急と特急の間に二両連結の普通車が二十一両、またその間に四両連結の臨時車大阪甲子園間が九両、総計百十七両、このほかに二両連結、三両連結が適宜に何時でも出されるように待機している」

ちょっとわかりにくい書き方だが、要するに３両連結の特急電車13編成を６分おきに走らせ、その合間に２両連結の普通電車21編成を運転、さらに特別に仕立てた４両連結の臨

時電車9編成を動かす。これで運転される車両は117両に達する。加えて2両連結、3両連結の電車を待機させて必要とあればいつでも走らせる、ということだ。そして、その先。

「一両には二百人は収容できるそうで、特急だけで七千八百人、普通車八千四百人、臨時車の七千二百人、合計二万三千四百人。結局二分毎に次から次へと車両が繰り出してくるので、ドンナ人出にもびくともしないわけ」すべての車両に200人ずつ乗車させれば、それだけで2万3400人を輸送することができる。甲子園に7万人が詰めかけても、それらの電車を3回転させれば運び切ってしまう計算だ。

これぞ阪神。すでに「待たずに乗れる阪神電車」というキャッチコピーを掲げるほど、電車の頻発は得意技になっていたが、中等学校野球大会の期間中は、それにさらなる磨きがかけられていた。

記事には、そういう運行体制を支える秘訣も書かれていた。

「以上の車両が全能力をあげて活動するのは、球場からの直通電話で回数とか客の足並が甲子園信号所におくられ、一つの指令電話で同時に各駅へ通達されてからだ。通常は試合が六回くらいまで進むと、前記のプラン通りの電車が軌道の上を走っているそうだ」

電車増発のカギを握っていたのは球場からの電話レポートだった。しかし、それがなくても、試合が6回あたりまで進めば、特急、普通、臨時の各車両がフル回転し始める。1900年代のはじめ、十日戎の参詣客輸送で〝間断なく〟電車を走らせたところから経験を積み重ねてきた阪神は、それから30年ちょっとでこのような態勢を取れるまでに至ったわけだ。

ちなみに阪神電車の列車種別は1933（昭和8）年6月17日から特急、急行、普通の〝3階立て〟になっていた。この時から梅田－神戸（三宮）間に特急を新設、野田、尼崎、甲子園、西宮、芦屋、御影に停車し、全線を35分で結んだ。同区間を急行は45分、普通は55分で走り、それらを6分毎に運転したという。始発駅では2分間隔で電車が出発していたことになる。まもなく急行は朝夕の混雑時に梅田－西宮間と神戸－青木間で運転されるダイヤに変わった。先の記事は「阪神は特急の合間に普通と野球観戦用の臨時を走らせている」と記していたが、野球の臨時はその際に空いた日中の〝急行枠〟を活かして運転されたようだ。また、特急が新設された日には岩屋－神戸間が地下化されている。梅田－野田間の線路が地下に切り替えられたのは1939（昭和14）年3月21日のことだった。

阪神電車の大奮闘のおかげで、甲子園の中等学校野球には相変わらず多くの観客が詰めかけていた。

中京商業が夏の大会３連覇を果たした頃、言い換えれば〝昭和一ケタ〟の頃が、中等学校野球の〝黄金時代〟だった。それだけではなく、東京六大学野球や都市対抗野球も大人気。そんな一大野球ブームの中で、日本初の本格的プロ野球組織が誕生する。

当時、大学や中等学校の野球があまりに絶大な人気を得たため、学生、生徒を巻き込んださまざまな商業的行為が発生、彼らの学業がおろそかになりがちな状況に至った。これは、学校教育を通じて〝お国のために〟奉仕する国民を育てようという政府にとっては大問題。そこで文部省は、１９３２（昭和７）年、いわゆる〝野球統制令〟を出して規制に乗り出した。これによって禁止されたのが、プロ野球チームと学生野球チームの対戦だった。

その前年の１９３１（昭和６）年、正力松太郎《しょうりきまつたろう》率いる読売新聞社はアメリカメジャーリーグ選抜チームを招へいし、大学野球チームなどと対戦させて評判を呼んでいた。ところが、この時のメジャーリーグチームには、当時のトップスター、ベーブ・ルースが参加していなかった。読売は１９３４（昭和９）年に改めてメジャーリーグチームを招待、ルース参加の確約も取り付けた。そして、〝野球統制令〟の縛りを解くため、プロ契約を交わした選手だけで全日本チームを編成し、その対戦相手とした。こうして行われた同年の日米野球は2年前を上回る大成功を収めた。この全日本チームは後に大日本東京野球倶楽部となり、さらに東京巨人軍（今の読売ジャイアンツ）へと〝変身〟していく。

野球ブームの中で2度の日米野球を成功に導いた正力はプロ野球リーグの創設に乗り出した。甲子園の経験を通じて野球が商売になることを実感していた阪神電鉄は、正力の誘いを受け、1935（昭和10）年12月10日にプロ野球チーム・大阪タイガース（当初は大阪野球倶楽部）を発足させる。この動きに、名古屋軍、東京セネタース、阪急軍、大東京軍、名古屋金鯱軍が追随。翌1936（昭和11）年2月、それら7球団によって日本職業野球連盟が設立された。これが今の日本野球機構のルーツとなった。

阪神に中等学校野球大会を持って行かれた阪急もここで巻き返してきた。もともと阪急は1924（大正13）年から1929（昭和4）年にかけて、宝塚運動協会というプロ野球チームを所有していたことがある。同協会は対戦するプロ野球チームに恵まれなかったことや昭和恐慌などの影響で短命に終わった。それでも阪急は何らかの形で野球に関わりたいと考えていた。それが形となったのが阪急軍の創設だ。1937（昭和12）年には、同チームのホームグラウンドとして阪急西宮球場を完成させた。同球場は戦後、高校野球大会の舞台にもなった。ここまで長々とプロ野球のことを書いてきたのは、この西宮球場開場の話に持って行きたかったから。でも、続きは後ほど。

話を中等学校野球に戻す。1937（昭和12）年夏の第23回大会を間近に控えた7月、盧溝橋事件が発生。9月に入ると日本と中国（中華民国）は全面戦争の状態に突入した。それに伴い、鉄道は兵員や物資の輸送に迫られ、そうした軍需に応えるための新線建設や路線改良が急ピッチで進められた。国内最重要の幹線・東海道本線では、高速大量輸送のネックになっていた〝山越え〟を解消するための丹那トンネル工事が完了。1934（昭和9）年12月1日改正のダイヤから、国府津－沼津間で同トンネルを通る新線を本線とし、〝山越え〟の路線を支線（御殿場線）に格下げした。この時、特急「燕」の東京－大阪間の所要時間は約30分短縮された。中等野球チームの中で、この丹那トンネルを抜けて甲子園に遠征したのは、翌1935（昭和10）年の第12回選抜大会に出場した埼玉・浦和中だった。

路線網の拡充や列車のスピードアップにより、鉄道での移動は便利さを増したが、非常時とあって不要不急の旅行は自粛を求められるようになった。世情に戦雲が立ちこめる中、1940（昭和15）年夏の第26回大会は引き続き朝日新聞の主催で行われたものの、それは全日本中等学校体育競技総力大会の一競技という位置付けになった。この時、甲子園球場周辺では、野球の他、陸上、バレーボール、バスケットボールなど8競技が共催された。

1941（昭和16）年に入ると、戦時色は一層濃さを増した。18回目を迎えた選抜大会の準々決勝、岐阜商業対兵庫・滝川中の一戦では、滝川中のエース・別所昭（後に毅彦と改名）がホームに滑り込んだ際に左腕を骨折。以後はその腕を包帯で吊って投げ続けたものの、延長14回に2対1でサヨナラ負けを喫した。翌日、『大阪毎日神戸版』に載ったのが「泣くな別所、センバツの花」という別所の代名詞ともなった名文句。後に別所は「投手は1人が当たり前。交代するなんて考えられなかった。そんなふうに讃えられたのは、そういう時代だったからだよ」と語っている（私が文化放送の局アナだった頃、別所さんの解説で何度かプロ野球中継を担当したことがあり、そのお付き合いの中でご本人から直接伺った）。その時の世相が、腕を折ってでも投げ続けるような〝敢闘精神〟を求めていたのだ。

同年7月、文部省は戦争遂行へ向けて学徒を居住地に留め置くため、全国規模のスポーツ大会の開催を禁止する通達を出した。これにより、すでに一部の地方大会が始まっていた第27回の夏の大会は中止に追い込まれた。結果的に、全国中等学校優勝野球大会の本大会は、１９４０（昭和15）年の第26回が戦前最後の開催となった。

話は前後するが、１９３９（昭和14）年の第25回大会と翌年の第26回大会は、和歌山・海草中の独壇場だった。第25回大会で同校を初優勝に導いたのはエースの嶋清一。全5試合完封、準決勝と決勝はノーヒットノーランという伝説的快投を見せた。続く第26回大会では、嶋の後を受けてエースとなった真田重蔵が力投、同校は当時としては史上4校目となる連覇を果たした。後に嶋は学徒出陣で召集され、24歳の若さで戦死。戦時中にプロ入りした真田は選手、コーチとして活躍し、１９９０（平成２）年に野球殿堂入り、その4年後に71歳で亡くなった。

さて、第26回大会に出場したのは22校。各校がどういう列車を利用して甲子園に集まってきたか、いくつかのチームを抜粋して表にまとめてみた（表３）。

海草中は地元和歌山と大阪の往復に南海電気鉄道の特急を利用した。当時、和歌山市と難波の間を走っていた特急の所要時間は1時間ちょうど。すでに南海は、１９２９（昭和４）年7月に３０１系という高性能電車を導入した時点で、両駅間をその時間で駆け抜ける特急を走らせていた。今の特急「サザン」の所要時間は59分。約１００年前とほとんど

■（表3）1940（昭和15）年　第26回全国中等学校優勝野球大会（8月12〜19日）出場校利用列車

学校名	成績		利用した列車（船）の発着時刻	利用した列車（船）
海草中・和歌山	優勝	往路	10日和歌山市 10:25-11:25 難波	南海特急
		帰路	20日難波 15:00-16:00 和歌山市	南海特急
日大三中	ベスト8	往路	8日東京 8:50-16:50 大阪	東京発大阪行特急臨時燕1011列車
台北一中	2回戦（初戦）敗退	往路	3日台北 9:12-10:02 基隆	時刻表に記載なし
			→基隆 11:00-6日 11:00 神戸	日本郵船大和丸
北海中	1回戦敗退	往路	7日札幌 9:50-16:24 函館	札幌発函館行急行2列車
			→函館 17:00-21:30 青森	青函連絡船2便
			→青森 22:35-8日 19:37 大阪	青森発大阪行急行 502 列車
福岡中・岩手	1回戦敗退	往路	9日北福岡 7:22-(134)-9:07 盛岡	尻内発盛岡行 134 列車
			→盛岡 9:33-19:05 上野	青森発上野行急行 104 列車
			→上野-東京	山手線電車
			→東京 21:00-10日 7:50 大阪	東京発下関行急行 5 列車
平壌一中	1回戦敗退	往路	6日平壌 9:38-22:10 釜山	新京発釜山行急行のぞみ8列車
			→釜山 23:30-7日 7:15 下関	関釜連絡船8便
			→下関 9:25-19:23 三ノ宮	下関発東京行急行8列車
奉天商	1回戦敗退	往路	4日奉天 21:35-5日 7:10 大連	新京発大連行 24 列車
			→大連 11:00-8日早朝神戸	大阪商船熱河丸

変わっていない。

北海道代表の北海中は札幌から列車と青函連絡船を乗り継いで青森に渡った後、〝日本海縦貫線〟を走り抜く列車で大阪に着いた。札幌発は8月7日の9時50分、大阪着は翌8日の19時37分で、車中泊は青森から大阪に至る間の1回だけ。1920（大正9）年に先輩たちが車中3泊の長旅の末に移動した時に比べると、その所要時間は約半分に短縮された。

この大会には、満洲から奉天商業、朝鮮から平壌一中、台湾から台北一中が出場している。3校はいずれも日本本土に向かう船に乗る前に、それぞれの地元で鉄道を利用していた。

奉天商業が乗ったのは南満洲鉄道（通称・満鉄）。満鉄は単なる鉄道会社ではなく、日本が満洲地方を実効支配するための拠点になっていた。それについての詳しい話は他に譲るとして、日満航路の発着港を擁する大連と満洲国の首都が置かれた新京を結ぶ路線は連京線と呼ばれ、満鉄の中でも最重要の幹線だった。路線全長は約700km、軌間は今の新幹線と同じ1435㎜の標準軌。1940（昭和15）年当時、この区間を直通する列車は、特急1本、急行3本、普通3本の計7本が運転されていた。

中でも「あじあ」という名称が付けられた特急列車は満鉄の大看板。1、2、3等車と食堂車を連結して大連と新京、哈爾浜を結び、パシナ型と言われる大型蒸気機関車が牽引した大連－新京間は8時間25分で駆け抜けた。この区間の表定速度（時刻表の発着時刻から計算された速度）は約82・5km／h。東海道本線の特急「燕」は丹那トンネル経由になった1934（昭和9）年12月以降、東京－大阪間を8時間ちょうどで走るダイヤが設定されていて、その表定速度は約69・0km／hだった。標準軌の「あじあ」は段違いに速かった。

また、急行3本のうち、大連－新京間で運転されていた列車の名称は「はと」。名前のない2本は哈爾浜の先、車両工場などがあった三棵樹《さんかじゅ》を始発、終着駅としていた。

奉天商業一行が利用したのは新京始発の夜行普通列車。「あじあ」が4時間50分で激走していた奉天－大連間を、そのほぼ倍の9時間半かけて移動し、船に乗り継いだ。神戸に着いたのは奉天をたって4日目の朝だった。

南満洲鉄道の看板列車・特急「あじあ」（鉄道博物館所蔵）

一方、平壌一中は朝鮮半島を縦貫する列車でまずは釜山に向けて出発した。一行が乗った急行8列車「のぞみ」は、新京発、奉天、安東（今の丹東）、平壌、京城（今のソウル）、大田《テジョン》、大邱《テグ》経由の釜山行。同区間には、新京を夜に出る「のぞみ」と朝に出る「ひかり」の急行2本が運転されていた。逆方向の「のぞみ」は朝、「ひかり」は夜に釜山発。当時はこれらに加え、釜山－奉天－北京を結ぶ急行「興亜」と「大陸」があった。あわせて4本の急行はすべて食堂車付き。「大陸」には1、2、3等座席車と寝台車、その他の列車には1、2、3等座席車と2、3等寝台車が連結されていた。さらに、釜山－奉天間には2、3等座席車と寝台車、食堂車付きの普通2本と2、3等座席車だけの普通1本があり、釜山－京城間には、奉天までの間では唯一の特急「あかつき」が1、2、3等座席車と食堂車を繋いで走っていた。

平壌一中の選手たちは釜山から関釜連絡船と山陽本線を乗り継いで大阪にやってきた。連絡船は8便、下関から乗った東京行急行も8列車。つまり、大陸側の列車と連絡船、本土側の列車がすべて同じ列車番号と便名でわかりやすく統一されていたわけだ。ただし、関釜連絡船は1日に往復各2便しか運行されなかったので、番号が統一されていたのは、東京－下関間特急「富士」＋関釜連絡船＋釜山－新京間急行「ひかり」＝下り1、上り2と東京－下関間急行＋関釜連絡船＋釜山－新京間急行「のぞみ」＝下り7、上り8の〝2筋〟だけだった。

中等学校野球の夏の大会は１９４０（昭和15）年、春の選抜大会は１９４１（昭和16）年の開催を最後に〝開催不能〟となった。最後の選抜大会が東邦商業の優勝で幕を閉じた3月28日から約8カ月経った12月8日、ついに太平洋戦争が始まった。

開戦後の１９４２（昭和17）年夏、文部省とその外郭団体・大日本学徒体育振興会が主催して全国中等学校錬成野球大会が行われた。夏の高校野球の大会回数にはカウントされない、〝幻の甲子園大会〟だ。目的はズバリ戦意高揚。野球の試合だけでなく〝戦場運動〟という軍事教練が実施された。また、打者が投球を身体に当てても死球にはならず、負傷の場合を除いてスターティングメンバーの交代は認められなかった。

この大会では、ユニフォームにローマ字を使用することも禁止された。学校名を漢字で書いたユニフォームは今でこそ珍しくなくなったが、戦前はアメリカ伝来のスポーツとあってほぼすべてのチームがローマ字を使っていた。熊本工業が川上哲治と吉原正喜のバッテリーを擁して1934（昭和9）年と1937（昭和12）年の夏の大会で準優勝した時も、ユニフォームの胸文字は「熊工」ではなく「KUMAKO」だった。それが禁止されたこの大会で、選手たちは学校伝統のユニフォームを着用できなくなっていた。ついでに記しておくと、当時の中等学校というのは、男子が通う中学校、女子が通う高等女学校、商業学校や工業学校などの実業学校をひっくるめた総称。修業年限は今の高等学校の3年より長かった。そのため、川上、吉原の2人は初出場から3年後の大会にも出場できた。

太平洋戦争のさなか、8月23日から開催された錬成大会には、満洲、朝鮮、台湾を除く全国各地から16校が参加した。最も遠来のチームはここでも北海中。同校一行は17日札幌

21時17分発の406列車で出発、翌18日の朝6時33分に函館に着いて7時50分発の青函連絡船6便に乗り継いだ。青森着は12時20分。そこからは12時50分発の大阪行506列車で秋田、新津、金沢、米原を通り、19日の16時20分に大阪に到着した。2年前の同校は函館本線と〝日本海縦貫線〟で急行を利用し、札幌から大阪まで1泊2日で移動したが、この年は両線でともに普通列車を使ったため、2泊3日を要している。

一方、急行を乗り継いで移動したのが仙台一中。20日10時30分に仙台始発東北線経由上野行の急行106列車で地元を出発し、同日17時15分に上野着。山手線電車で東京に移動すると、同駅19時40分発の神戸行急行13列車に乗り継ぎ、21日の6時38分に大阪に到着した。

この大会で優勝したのは徳島商業。同校一行は、徳島－大阪間の移動に鉄道と船を利用している。往きは19日10時58分発の阿波池田始発小松島港行308列車で徳島をたち、11時20分に小松島港着。そこから大阪天保山へ船で渡った。

帰りは、31日に大阪天保山を出港、往きとは逆のルートをたどり、小松島港18時12分発阿波池田行315列車で16時38分に徳島に凱旋した。戦時中にもかかわらず、駅では大勢の人たちが選手たちを出迎えたという。同大会は夏の選手権大会でも春の選抜大会でもなく、同校の優勝は両大会の記録には残されていない。

　この錬成大会を〝最後の最後〟に、戦前、戦中の中等学校野球大会は歴史の幕を下ろした。それから間もなく、日本は野球どころではなくなる。そして、甲子園の観客を沸かせた多くの選手が戦火に倒れ、帰らぬ人となった。

コラム2

〝鉄道学校〟の野球部

東京には、岩倉と並び称されるもう1つの〝鉄道学校〟がある。昭和鉄道高等学校だ。こちらは1928（昭和3）年創立の昭和鉄道学校をルーツとしている。現時点で校名に鉄道の文字が入る高校は同校だけ。鉄道について学べる学校は、同校と岩倉、それにヒューマンキャンパス高校（通信制）の3校しかない。

同校にも野球部があり、先の『高校野球選手権100回史』によると1969（昭和44）年夏から東京大会に参戦している。そして、1985（昭和60）年夏の第67回東東京大会2回戦で、〝鉄道学校〟の先輩・岩倉と初めて対戦した。結果は11対0（5回コールド）で岩倉の勝利。この試合について、翌20日の『読売新聞都民版』が「炎天火噴く鉄道球児打線」との見出しをつけて記事にした。

「公式戦、練習試合を通じて全くの初顔合わせ。岩倉側に『実力ではうちが上』との気持ちはあっても、学校全体の名誉がかかっている試合とあれば、闘志もいつもとは違ってくる。望月市男監督が『あらゆる面でライバル校。上野（岩倉の所在地）対池袋（昭和鉄道の所在地）の戦いですよ』と気合いを入れれば、選手たちも『負けたら学校のイメージダウン。就職にも響く』と大ハッスル」

「一方、選手のほとんどが将来の鉄道マンをめざしている昭和鉄道側も事情は同じ。『向こうも鉄道学校なので、だいぶ意識した。点を取ろうともう無我夢中でした』と主将の菊池栄二君。遠藤春義監督は『意識しなかったといえばウソになるが、やはりチーム力が……』と試合後、唇をかみしめた」

これが、2023(令和5)年までに行われた全国すべての選手権大会でたった一度しかない〝鉄道学校〟同士が対戦した試合となっている。

かつては両校の他にも〝鉄道学校〟があった。それらはいずれも普通校となり、鉄道に特化した授業は行われなくなったが、〝鉄道学校〟時代にできた野球部がいまだに存続している。

『高校野球選手権100回史』によると、1947(昭和22)年の第29回大会地方予選に2つの〝鉄道学校〟が初めて出場した。大阪鉄道学校(現・大阪産業大学附属)と名古屋鉄道学校(現・名古屋国際)だ。大阪鉄道学校は1928(昭和3)年、名古屋鉄道学校は1935(昭和10)年の創立。両校が戦前の大会に出場した記録はなく、野球部は戦後すぐに創部されたと思われる。ちなみに、大阪産業大学も大阪鉄道学校をルーツとしている。そして、全国屈指の強豪校、大阪桐蔭は1983(昭和58)年に設置された大阪産業大学高等学校大東校舎が1988（昭和63）年に現校名に改称して独立した学校で、〝鉄道学校の遺伝子〟を受け継いでいると言ってもいい。

その後、1954（昭和29）年の第36回選手権東九州大会鹿児島予選2回戦には、樟南の前身、鹿児島鉄道学校が登場する。同校は1883（明治16）年創立の博約義塾から博約鉄道学校、鹿児島鉄道学校と改称、1954（昭和29）年当時は紛れもない〝鉄道学校〟だった。この時は初戦で敗退するが、翌年夏には鹿児島大会で4強入りして早くも存在感を示した。同校が初めて甲子園の土を踏むのは、鹿児島商工と改称した後、1970（昭和45）年の第52回選手権大会。それからは鹿児島屈指の強豪校となり、樟南と改称した1994（平成6）年夏の第76回選手権大会では県勢初の準優勝を果たしている。

そして、1956（昭和31）年の第38回選手権西九州大会熊本予選に開新の前身、熊本鉄道学校が出てきた。同校の歴史も古く、1904（明治37）年創立の東亜鉄道学校をルーツとしている。最初の試合では9対1で八代工業に敗れた。

これら4校と岩倉の野球部が、終戦直後から1960（昭和35）年までの間に相次いで高校野球史にその名を刻み始めたというのは興味深い。なぜなら、それが戦後復興から続いた鉄道全盛期と野球人気が高まっていく時代に重なるからだ。

第3章

戦後の鉄道黄金時代と高校野球

よみがえった球音と走り続けた鉄道

1945（昭和20）年8月14日、日本はポツダム宣言を受諾、連合国側に無条件降伏することになった。これを国民に知らせたのが玉音放送。昭和天皇自らが終戦の詔書を朗読し、それを録音したものが8月15日の正午から日本放送協会のラジオで全国放送された。9月2日、同宣言受諾を示す文書に各国代表が調印して、正式に太平洋戦争（大東亜戦争）が終結する。

戦時中、野球どころではなくなっていた日本に、早々と〝球音〟がよみがえった。何しろ野球はアメリカ発祥のスポーツ。終戦後、そのアメリカの占領下に置かれた日本で、すぐに野球が復活したのは当然の流れだろう。もともと春夏の中等学校野球大会や東京六大学野球リーグ戦、都市対抗野球大会などを通じて、日本国民の多くが戦前から野球に慣れ親しんでいた。野球は、戦後復興の象徴となった。

戦後最初の〝球音〟は神宮球場に響いた。10月28日、午前11時半から東京六大学ＯＢ紅白戦が行われた。これが、新聞記事に載った戦後初の野球試合だ。これに続いて、11月18日にはオール早慶戦、11月23日には戦後初のプロ野球試合・日本職業野球連盟復興記念東西対抗第1戦が同じく神宮球場で行われた。

六大学野球、プロ野球は終戦からわずか2～3カ月で曲がりなりにも復活を果たしたが、中等学校野球が再開されたのは1946（昭和21）年になってから。これには、中等学校教育が〝正常化〟されるまでに時間を要したことが影響している。

戦時中は野球だけでなく、学校教育もそれどころではなくなっていた。大学生は学徒出陣で戦場へ、中等学校生らは学徒動員で軍需工場や事業所などへ送られ、学校は教育機関としての機能を停止させられてしまったからだ。戦争が終わり、学徒動員は即刻解除されたものの、運輸、通信業務に動員された学徒は、日常生活や戦災復興などに必要なインフラを維持するため、当分の間動員継続とされた。先に書いた大学野球や職業野球の試合では、それに〝間に合う〟選手をかき集めてチームが編成されたが、中等学校で野球部を復活させるには、授業が再開され、学校に生徒が戻り、練習環境がある程度整えられるのを待たなければならなかった。

秋に試合が行われなければ、翌年春の選抜大会の出場校を決めるのに必要な選考材料がない。そのため、1946（昭和21）年の選抜は開催に至らなかった。しかし、朝日新聞社は同年から夏の大会を再開させるため、終戦の年の秋から動き始める。そのあたりのことを、当時の運動部長だった伊藤寛が『高校野球選手権大会史』の「暗い世相に光」に記している。朝日新聞大阪本社は、大会開催へ向けた準備の第一歩として、全国の中等学校に対し、野球ができるかどうかのアンケートを実施した。その結果、

「十一月三十日現在で、全国の中等学校の中で、OBと一緒ではあったが野球練習をやったというのが大阪に浪華商業など三校あるというだけで、他の学校の多くは用具もないし、野球場も食糧増産のためにイモや麦が植わっていて全然やっていない、という報告だった。

しかし、われわれを勇気づけたのは、今は野球が出来る状態ではないが朝日新聞社が来年夏に大会を復活するというなら必ず参加するようにする、是非再興を計画して欲しい、ということだった」

学校教育の現場は終戦直後の混乱期にあったものの、中等学校野球大会の復活は強く望まれていた。

これを受け、朝日新聞社は年が明けた1946（昭和21）年1月21日の紙面に、社会情勢が許せば同年夏の大会を復活開催するという社告を掲載する。

ところが同社には不安があった。戦時中、報道統制があったとはいえ、戦争遂行を〃後押し〃してしまった新聞社の1つが、戦前同様に大会を主催できるのか、GHQ（連合国

軍最高司令官総司令部）がそれを許してくれるのか、という懸念だ。

そこで同社は、選抜大会を主催してきた毎日新聞社にも働きかけ、戦前の草創期から大会運営に関わってきた佐伯達夫らの協力を仰いで、全国中等学校野球連盟を創設した。伊藤は同連盟を「万一の場合の拠点」と表現している。「万一の場合」には、当然ながら〝同社の大会主催をGHQが許さなかった場合〟が含まれる。そのような深謀遠慮の末、夏の大会は、朝日新聞社と同連盟の共同主催という形で開催されることになった。同連盟は後の学制改革に伴い、全国高等学校野球連盟に改称、さらに1963（昭和38）年に今の日本高等学校野球連盟に再改称した。

中等学校野球大会の復活を告げる記事。1946（昭和21）年1月21日付け朝日新聞

7月1日の東京の『朝日新聞』と翌2日の『朝日大阪本社版』（以下、『朝日大阪版』）に「第28回全国中等学校優勝野球大会を8月15日から西宮球場で開催する」という記事が

掲載された。この中にもあるとおり、会場は西宮球場。甲子園球場はGHQに接収されていて使えなかった。これを受けて、7月10日開幕の福岡県北部予選から代表校を決める戦いが始まった。

一方、鉄道は、終戦の日の前も後も、休むことなく走り続けた。戦争末期、国鉄（鉄道省）の現場職員は〝鉄道義勇戦闘隊〟として、戦場の兵士と同様に戦っていた。軍事物資や兵士、軍需工場で働く人びとの輸送は、〝お国のため〟の極めて重要な任務だったからだ。戦争末期、アメリカ軍による本土への爆撃や列車、連絡船への機銃掃射は激しさを増した。施設や車両、船舶は壊滅的な被害を受け、多くの隊員が殉職した。

終戦を迎え、〝鉄道義勇戦闘隊〟の隊員たちは平時の国鉄職員に戻った。数々の鉄道紀行などを遺した作家の宮脇俊三は『時刻表昭和史』（角川書店）の中で、玉音放送が流れた8月15日の正午をはさみ、戦中と戦後をまたいで走った列車があったことを記している。しかし、終戦という歴史の大転換は、当然ながら鉄道に大きな混乱をもたらした。日本中のすべての列車が、宮脇が書いたような〝平穏〟な運行を続けていたわけではなかった。

『運輸界1969年7月号』（中央書院刊）に「終戦の日の乗務」と題した回想が載って

いる。当時、常磐線の車掌だった松本剛が寄稿したもの。それによると、終戦と同時に〝お国のため〟に列車を動かすという使命感を失い、乗務することをやめて家に帰ってしまった職員がいたという。このような事態は全国各地で起きていた。終戦直後の新聞に、職場放棄した職員の〝喪失感〟は理解するが、鉄道は戦後復興に不可欠であり、ぜひ現場に戻って欲しいと呼びかける記事が掲載されたほどだ。

終戦とともに、空襲を避けて地方に疎開していた人びとがもとの居住地に戻ったり、軍務を解除された兵士たちが帰郷したり、都会で不足していた食料などを求めて多くの人が地方に買い出しに出かけたりした。鉄道、とくに旅客列車の需要は一気に高まった。ところが、戦争で多くの車両が破壊され、それらの修復や新車の製造は人手や物資が不足して思うようにいかなかった。焼け残った客車や貨車を繋いで列車を編成し、やっとのことでそれを動かしていたものの、燃料の不足と品質劣化がそんな窮状に追い打ちをかけた。列車のスピードはダウン。車両の屋根だけでなく、機関車の先頭部にまで乗客を乗せた列車が、青息吐息で荒廃した国土の中を駆け巡った。

このような状況は、終戦から1年近く経った１９４６（昭和21）年の夏になってもほとんど変わらなかった。戦後初の中等学校野球大会は、そんな鉄道事情の中で開催された。

朝日の社告にあった「社会情勢がゆるす限り」という但し書きには「選手たちを地元から大阪まで無事に遠征させることができるなら」という意味も込められていたはずだ。

8月6日、大阪大会で浪華商業が代表の座を射止め、同年夏の大会に出場する19校がすべて決まった。各地方の代表校は、8月15日の本大会開幕に間に合うよう、大阪を目指して地元を旅立った。

最も遠来のチーム、北海道代表の函館中は8日22時10分出航の青函連絡船で函館をたち、10日20時20分に大阪に着いた。出発は『函館新聞』、到着は『朝日大阪版』の記事にそれぞれの時刻が載っていたが、当時の『時刻表昭和21年8月号』を見ると、その時間に大阪に着く列車がない。いちばん近いのは20時18分着の601列車だが、これは上野発信越線、北陸線回りの大阪行で、時刻表には金沢－福井間、米原－大阪間運休と表記されている。先に書いたように、当時の国鉄では、車両不足、燃料不足、人手不足が重なり、列車の運休（区間運休を含む）が常態化していた。

函館22時10分発の青函連絡船は翌日4時40分に青森に着く。戦前には4時間半で両港間を結んでいたのが、この頃は6時間半もかかった。それでも、戦時中は運航が停止されていた時期もあっただけに、連絡船の再開は平和の象徴にもなっていた。この連絡船に接続するのは青森6時ちょうど発の大阪行502列車。同列車は翌日11時27分に大阪に到着する。ところが、この列車も当時は柏崎－福井間で運休中。途中の乗り換えなしに大阪まで行くことはできなかった。青森から大阪まで直行していたのは506列車だけ。こちらは青森発13時5分発、大阪着翌日18時19分というダイヤで運転されていた。函館中一行はこれに乗った可能性が高い。それが2時間ほど遅れて大阪に着いたとすれば、新聞記事と符合する。何しろ戦後の混沌とした時代。2時間くらいの遅れは珍しくなかったはずだ。そう考えながら改めて時刻表を見直していると、ひょっとしたらこれが遅れの理由かも、ということに思い至った。函館中一行が乗ったと思われる506列車は、朝9時39分に金沢に着く。一方、先に書いた上野発信越線、北陸線回りの大阪行601列車の金沢着は11時05分。同列車はその先、福井までが運休中で、金沢止まりになっていた。そこで、506列車は金沢で601列車の〝接続を取って〟（到着を待って）、601列車と同じ11時13分に金沢を発車、以降は601列車のダイヤに従って運転されたのではないか？　ただし、青森から506列車に乗るなら、函館5時40分発、青森12時10分着の連絡船に乗船すれば間に合う。さらに、金沢で506列車が601列車の接続を取る〝暫定ダイヤ〟が実施されていたとすれば、なぜそれが時刻表に表記されていなかったのか？　という新たな疑問も沸いてくる。とにかく、この時の函館中がどうやって大阪に着いたかは〝謎〟だ。

函館中のように、新聞記事に出発、到着時刻が載っているものの、旅程の詳細は不明という学校はいくつかある。東北代表・山形中もその1つ。『朝日大阪版』には12日13時に大阪着と書かれているが、定刻通りの列車なら京都始発で門司に向かう225列車になってしまう。列車の遅延を前提にすれば、同校一行は東京を22時10分に出発し翌日の12時18分に大阪に着く広島行41列車を利用したのかもしれない。

これに間に合う奥羽、東北線の上野行列車は2本あった。山形19時44分発、上野翌日6時07分着の402列車と、山形21時58分発、上野翌日8時50分着の404列車だ。どちらも、東京発の夜行に乗り継ぐには間が空きすぎるように思える。しかし、当時の東京周辺の鉄道、とくに通勤時間帯の列車や電車は凄まじく混雑していた。その解消策として始まったのが、東海道線列車の東京－上野間延長運転。同区間の山手線と京浜東北線の混雑緩和を図るために編み出された。今の上野東京ラインのルーツとも言える運行形態だ。そんな状況を考慮して、山形中一行は上野に着いた後の時間に余裕を持たせたのだろう。もちろん、東京始発の東海道線列車もかなり混み合っていたに違いない。座席を確保するには、早くから駅で待つ必要があったはずだ。

出場校の中には列車の大きな遅れに巻き込まれた学校もあった。信越代表の松本市立中だ。同校の旅程は『朝日大阪版』と『同長野版』で明らかにされている。同校一行が松本をたったのは8月11日の8時5分。名古屋行の814列車で、長野発新宿行の418列車に松本から併結され、塩尻まで一緒に走るというダイヤになっていた。そしてこの頃は418列車が長野－松本間で運休していたため、すべての車両が松本始発で運転されていた。

814列車は13時31分に名古屋に着くはずだったが、これが6時間も遅れた。そこで、松本中の選手たちは名古屋を23時14分に出る東京発博多行33列車に乗り換え、11日の早朝4時17分に大阪に到着した。『時刻表』には33列車は運休中と記されているが、松本市立中一行が乗る直前に運転を再開したのだろう。そういう細かなダイヤ改正は頻繁に行われていた。

東京代表・東京高等師範附属中（以下、東京高師附中）の旅程も謎解きが必要だ。同校の大阪到着は12日17時。これはそのものズバリの列車があった。東海道線の133列車だ。それはいいのだが、同列車は始発の沼津を5時54分に出る大阪行。東京の学校がどうして沼津始発の列車に乗ったのか？　疑問を感じながら『時刻表』を眺めていると、東京発0

時20分、沼津着3時55分の臨時3301列車を見つけた。この頃、東海道線の下りには東京発沼津行3本に、品川発熱海行、東京発小田原行各1本を加えた計5本の臨時列車が運転されていた。おそらくこれらは、同線東京方の混雑緩和が目的だったに違いない。東京高師附中の一行がそのうちの1本を利用すれば、沼津始発の大阪行に乗り継げる。東京発の長距離直通列車より、沼津までの臨時列車と沼津始発の列車のほうがいくらか空いていると考えたのだろう。

遠来の学校は、それぞれたいへんな思いをしながら大阪にやってきた。しかし、四国代表の城東中に比べれば大したことはなかった。同校は地元高知から大阪に向かう途中、とんでもない災難に見舞われていたのだ。8月14日の『朝日大阪版』にはこう書いてある。

「初出場の四国代表城東中学、土讃線が不通になったので、途中、大歩危、小歩危の難所の真暗なトンネルの中を入江部長を先頭に手をつなぎ手さぐりで重い米を背負って突破してきた」

この大会では食料確保が難しかったことから、選手たちは自分らが食べる分の米や味噌などを持参するように通告されていた。それはさておき、城東中一行は食料や野球道具などが入ったバッグを背負い、不通区間を歩いて、動いている列車に乗り継いだという。

同年7月29日、台風が四国を襲った。土砂崩れや洪水が各地で発生し、高知から多度津に至る土讃線はあちこちで寸断された。8月3日に全線が復旧したのもつかの間、8日に降った雨の影響で、新改《しんがい》－天坪《あまつぼ》（現・繁藤《しげとう》）間で土砂崩れが発生、同区間が不通となった。そこは7月の台風の後にも一時不通になっていたところ。高知から多度津、高松方面に向かうにはこの区間を通らなければならない。

城東中は地元高知で8月4日に行われた四国大会の決勝を制し、本大会出場を決めていた。当初、不通区間は10日17時頃に復旧予定と報じられたため、同校の選手たちは11日高知14時56分発の118列車で大阪へ向けて旅立った。これは、当時の土讃線終点駅・土佐《とさ》久礼《くれ》始発の高松桟橋行。この頃は多度津から先が運休となっていたが、20時02分に多度津に着いた後、同20時38分発の予讃線松山始発18列車に乗り継ぐことができた。同列車は21時43分に高松桟橋に着くので、高松港を22時30分に出航する関西汽船の広島始発神戸・大阪行に間に合う。そして、12日の朝7時に神戸に着く予定だったようだ。

ところが、城東中一行が乗った列車は15時22分に着いた土佐山田でストップしてしまった。その先の不通区間では、10日になっても土砂崩れが何度か発生し、復旧が大幅に遅れていたのだ。

ここでグズグズしていたら、13日に行われる組み合わせ抽選会に間に合わない。選手たちを引率していた教師の入江雅幸は不通区間の先まで歩いて行くことを決めた。

ここまで書いてきて、大きな疑問が湧いた。不通区間は新改と天坪の間。当時、新改は信号場で、土佐山田から新改までの間には駅がなかった。不通区間の両端までは折り返し運転の列車が走っていて、天坪まで行けば高松方面に行く列車に乗れたはず。もし土佐山田から「大歩危、小歩危を越えて」となると、少なくとも阿波川口までの約60㎞を歩かなければならない。一行が土佐山田に着いてすぐ、16時頃に歩き始めても〝夜通し〟になってしまう。もちろん、線路沿いに電灯はなく、トンネル以外の場所も真っ暗だ。どう考えても、そんな中を歩いたとは思えない。

逆に、天坪までなら土佐山田から約13㎞。4時間ほどで歩き通せるだろう。8月上旬の高知の日没時刻は19時過ぎで、日が暮れてからも1時間くらい歩かなければならないが、20時頃には天坪にたどり着ける。その先、折り返し運転が本来のダイヤどおりに行われていたとすれば、天坪12日0時48分発の126列車（通常ダイヤでは土佐久礼発高松桟橋行の夜行普通列車）に乗って6時33分に高松桟橋到着。高松7時30分発の関西汽船宇和島始発便に乗り継いで、15時15分に神戸に着くことができたはずだ。

ここでも推測せざるをえないが、先の『朝日大阪版』の記事は〃伝言ゲーム〃にありがちな間違いのような気がする。「トンネルの中を手探りで歩いて越えて、列車で大歩危、小歩危を通ってやって来た」という話が「大歩危、小歩危のトンネルを歩いて越えて来た」になってしまったのではないか？

天坪は〃雨の坪〃と呼ばれるほど雨の多い地域。駅は1963（昭和38）年に繁藤と改称された。1972（昭和47）年7月5日、この地域が集中豪雨に見舞われ、1946（昭和21）年夏と同じように、駅周辺で土砂崩れが相次いだ。行方不明者の捜索や復旧作業が続く中、大規模な土砂崩壊が発生。駅にとまっていた旅客列車も巻き込まれ、多くの犠牲者を出した。これが〃繁藤災害〃。今ふうに言えば、線状降水帯が危険なレベルの雨を降らせ、最終的に付近の土砂が深層崩壊を起こしたわけだ。そのような場所を、城東中一行は歩いて越えていった。チーム全員が無事だったのは奇跡的と言えるかもしれない。

一方、遠来とはいえ、北九州代表の小倉中と南九州代表の鹿児島商業の遠征はラクなほうだった。戦時中の1942（昭和17）年7月1日に関門トンネルが単線で開通、1944（昭和19）年8月8日からは複線運転も始まり、本州－九州間を直通する列車が走っていたからだ。『鹿児島新聞』によれば、鹿児島商業は11日10時40分に鹿児島を出発した。これは門司行の急行1012列車で、18時ちょうどに博多に着く。そこから18時40分発の東京行急行4列車に乗り継げば、翌日の10時20分に大阪に到着。丸1日がかりとはいえ、1回乗換で移動することができた。小倉中の旅程は不明だが、こちらは乗り換えなしで大阪へ。どちらが先に着いたかはわからないが、この両校が〝関門トンネルを通って初めて本大会に出場した学校〟となった。

この頃の新聞は用紙不足のため紙1枚の表裏2ページ立て。その紙面を元に中等学校野球大会の出場校がどのようにして大阪に集まってきたかのすべてを明らかにすることは不可能だ。「だろう」とか「ではないか?」など、推測が多くなったのは情報があまりにも少なかったから。どうかご容赦いただきたい。とにもかくにも、終戦直後の混乱した状況の中、代表校の選手たちは移動という〝もう1つの戦い〟を乗り越え、大阪に集結した。いよいよ、戦後初の中等学校野球大会が幕を開ける。

西宮で復活、そして甲子園へ

戦後初の中等学校野球大会、第28回全国中等学校優勝野球大会は、玉音放送からちょうど1年経った1946(昭和21)年8月15日、阪急西宮球場で開幕した。もともと夏の中等学校野球大会は、阪急の前身・箕面有馬電気軌道が乗客増を狙って作った豊中グラウンドで始まった。しかし、肝心の電車が押し寄せる大観衆をさばき切れず、わずか2回を開催しただけで、会場は阪神電車の沿線に移された。その大会が再び〝阪急の球場〟に戻ってきた。同社は開催の準備に追われた。

開幕直前、8月13日の『朝日大阪版』に準備がほぼ整ったことを伝える記事が載った。まず阪急は、戦争で被災していたスタンドを大改装し、最寄りの西宮北口駅にも改良工事を施した。

「大観衆の殺到に備えて、阪急西宮北口駅では乗車フォームと下車フォームとを区別し、今津線宝塚行専用下車フォームも新設、神戸線上り乗車フォームを延長し、同線下り専用下車フォームの整理、通路踏切の新設、臨時出札口、改札口の増設、駅前には整理柵が設けられるなど、混雑防止に万全の策が講じられている」

西宮北口は神戸線と今津線が交わる阪急屈指の主要駅。当時の両線は直角に平面交差していた。いわゆる〝ダイヤモンド・クロス〟と呼ばれる線路構造だ。路面電車では珍しくなかったが、長い編成の高速電車が頻繁に走る線路同士というのは少なく、1984（昭和59）年に廃止されるまで同駅の名物だった。その頃、神戸線下りホームは〝クロス〟の手前（梅田方）にあり、本線と側線が島式ホームをはさむ格好になっていた。大会前の改良工事では、側線の南側に降車ホームを設置、今の阪神本線甲子園駅下り線と同じような構造に変えた。

今津線下りの降車専用ホームも〝クロス〟の手前（今津方）に設けられた。〝クロス〟の先（宝塚方）にはすでに上下線をはさんで通常使用の対面式ホームがあったからだ。大会期間中の今津線下り電車は、神戸線を横切る前に降車ホームで観客を降ろし、本線を越えて乗車ホームに再度停車、同駅からの利用客を乗せて宝塚方面へ向けて発車することになった。そもそも西宮球場は神戸線と今津線が交差する地点の南東側、今は阪急西宮ガーデンズになっているところに作られた。今津方面からの観客にとっては、神戸線を横切る前に降ろしてくれたほうがありがたい。〝クロス〟の手前にホームがあれば、そこで観客を降ろし、それと同時に平面交差する神戸線電車の通過待ちもできる。今津線の臨時降車ホーム新設は一石二鳥どころか一石数鳥の効果をもたらした。

後に阪急は、鳴尾にあった競馬場が今津線の仁川駅近くに移転すると、同駅上り線の常用ホームの手前（宝塚方）に降車専用ホームを作った。同駅で下車する人がそこで電車を降りれば、競馬帰りの利用客でごった返す中に巻き込まれないで済む。また、同駅発の梅田行臨時電車を増発する際、宝塚から走ってきた電車を降車専用ホームに停車させて時間調整することもできる。そのアイデアの元となったのが、戦後初の中等学校野球大会にあわせて新設された今津線西宮北口駅の臨時ホームだった。

では、肝心かなめの電車の運行はどうだったのか。戦時中、日本のほとんどの都市はアメリカ軍の空襲にさらされ、そこを走る鉄道は国鉄も私鉄も路面電車も大きな打撃を受けていた。もちろん阪急も例外ではない。終戦から1年。夏の大会の開催に向けて、阪急は可能な限りの輸送力増強策を打ち出した。『朝日大阪版』の記事には次のように書かれている。

「大会中の運転車両は平常の約五十％増を予定しており、阪急大阪－西宮北口間は十分間に約三列車、このうちの一本は臨時急行で塚口、十三両駅に停車する。神戸－西宮北口間も通常列車間に各一本の臨時を配車するから、ここも五分で次の電車が来る。今津線も同様に臨時電車を出し、会場の収容人員四万を一度に運ぶとみても本線は約二時間、今津線は約一時間ないし一時間半ですべて片付く計画で、実際にはもっと短縮すると意気込んでいる」

その頃の『時刻表』を見ると、梅田－神戸間は通常12～20分ごとの運転となっている。

大会期間中、新聞が書いたとおりに電車を走らせれば、平常の50%増をはるかに超える輸送量になる。なので、その数字は「平均すれば」という注釈付きと考えていいだろう。先に引用した『高校野球選手権大会史』の「暗い世相に光」の中で、朝日新聞大阪本社運動部長の伊藤はこう記した。

「阪急電鉄も戦災がひどく輸送力に大きな難点があったので、入場券の数も阪急電車が二時間以内に輸送し得る人員ということで、四万人という数を割り出した。球場の収容力は五万を越えるのだが、そんなに来られては輸送が出来ない」

さらに『朝日大阪版』の記事にはこんなことも書いてあった。

「当日、西宮球場では内外野券とも発売しないから、無駄な輸送を省くためにも入場券なしでは球場に来ないよう関係者は希望している」

阪急が心配していたのは、試合終了後、数万の観衆が一気に駅に押し寄せ、大渋滞を引き起こすこと。中等学校野球大会草創期、豊中グラウンドの観客をさばくのに数時間を要した苦い経験が教訓となったわけだ。ここで引用したいくつかの記述を総合すると、阪急と大阪朝日は電車増発の限界を見極めながら協議を重ね、大会開催へ向けた準備を進めていたことがわかる。

準備はひとまず整った。阪急に乗ってやってきた大勢の観客がスタンドを埋める中、復活第1回の中等学校野球大会が開幕した。第1戦は京津代表・京都二中と関東代表・成田中の対戦。1回表、成田中の石原照夫投手が京都二中のトップバッター・黒田脩《おさむ》三塁手に戦後の第1球を投じた。京都二中と言えば、1915（大正4）年第1回大会の優勝校。その攻撃で戦後の大会が始まったというのは、なんという奇縁だろう。

土讃線の不通区間を歩いてやって来た城東中は、1回戦で兵庫の芦屋中と対戦した。当時の芦屋中は自前の校舎がなく、本山《もとやま》第一国民学校（今の神戸市立本山第一小学校）を間借りしていた。その場所は阪急神戸線岡本駅のそば。西宮球場へは歩いても1時間ほどで行ける。そんな〝ホームアドバンテージ〟を持つ芦屋中に対し、城東中は6対2で勝利を収めた。高知県勢が春夏の全国大会に出場したのはこの時が初めて。城東中は〝苦難〟を乗り越えて歴史的な1勝を挙げた。しかし、続く2回戦では、中央線の大幅遅延に巻き込まれた松本市立中と戦って7対2で敗れた。大阪に来るまでがひと苦労だった学校同士の対戦は、〝歩かずにすんだ方〟に軍配が上がった。

復活第1回大会を制したのは〝準地元〟の大阪代表・浪華商業。前年秋に大阪朝日が実施した調査にもあったように、終戦直後、いち早く野球の練習を再開していた数少ない学校の1つで、遠征で難儀することのない地の利もあったようだ。

ともあれ、同大会は大きなトラブルなく終了した。阪急の観客輸送も、全く何事もなかったわけではないだろうが、わずか2ページ立てだった当時の新聞に載るほどの事件や事故は起きなかった。

翌年には選抜大会も復活した。ただ、そこに至るまでには、1冊の本が書けるくらいの紆余曲折があった。

1946（昭和21）年夏の大会の直後から、毎日新聞社は翌春の選抜開催へ向けて動き出した。その大会は何としても甲子園球場で開催したい。同社は思いを同じくする阪神電鉄とともに、GHQに甲子園の接収解除を求め、粘り強く交渉を重ねた。その結果、1947（昭和22）年1月10日に接収の一部解除が伝えられた。これを受けて、毎日は1月23日の紙面に3月30日からの選抜大会開催を知らせる社告を掲載。2月27日には出場校を決める選考委員会を開き、26校を選出した。

ところが、この動きにGHQ内で日本の教育政策を取り仕切っていたCIE（民間情報教育局）が待ったをかけた。主な理由は「シーズンスポーツの観点から言って、春は野球の全国大会を開催するのにふさわしい季節ではない。夏の大会があるだけでいい」、「営利団体である新聞社が主催するのはよくない」というもの。敗戦国日本の文部省はこの主張に逆らうことができず、3月3日に大会の中止を通告した。ここから毎日新聞の迅速で猛烈な巻き返しが始まる。2日後の3月5日、CIEと日本側の関係者によって「野球会議」が開かれ、日本側は大会開催へ向けてさまざまな主張を繰り出した。その結果、中止にするには開幕日が近づきすぎていることから、この年限りの開催が認められた。選抜大会は〝首の皮一枚〟のところで中止の危機を免れたのだ。

3月29日、『毎日新聞大阪版』は「あすを待つ甲子園」という見出しで翌日の開幕を告げる記事を載せた。

「甲子園球場はきっとファンの目をみはらせるだろう。名物の鉄傘はすでになく、メインスタンドのコンクリートにも春の陽が一杯に当たる。内野席と同じ高さになった外野スタンドの上に広告板がずらりとならび、十万人の入場を待っている」

甲子園の外野スタンドが内野スタンドと同じ高さになったのは1936（昭和11）年のこと。名物の鉄傘は、戦前の一時期、今のアルプススタンドを覆うまでに拡張されたが、戦時中の物資供出のため1943（昭和18）年に取り払われていた。それらが混ぜこぜになった記事だが、甲子園での大会復活を目前にした高揚感が伝わってくる。

そしてこの記事には、阪神の対応も記されていた。

「阪神電車では期間中輸送に全能力をあげ、大阪—神戸間急行を五両、三両編成に、普通車を三両にするほか、大阪—甲子園間五両連結の急行を増発。これらが三分ごとに発車、一時間四万人を運ぶ」

前年夏の大会で、阪急は2時間あれば4万人をさばけるとしていた。それに対し、この年春の阪神はその半分の1時間で運び切ってしまう態勢を整えた。明治時代の西宮神社十日戎に始まる同社伝統の〝お家芸〟も、選抜大会甲子園開催とともに復活した。さらに記事にはこうも書かれている。

「大会期間中、阪神電車では観覧者の便宜を図り、梅田、神戸両終点で甲子園までの往復切符を発売し、甲子園では帰りの切符を売らない」

観戦帰りの人たちが出札窓口に詰めかけると大混雑を招く。せっかく3分おきに電車を走らせても、切符を買うところで利用客が渋滞してはスムーズに運べない。出札窓口の増設には多くの人手も必要だ。来場時に往復切符を買ってもらうというのはいいアイデアだが、それにしても甲子園駅で帰りの切符を売らないというのは大胆な措置と言える。この記事には、球場から駅までの帰り道を球場に沿って右回りの一方通行にすることを知らせる案内図が添えられていた。こうすれば、一塁、ライト側と三塁、レフト側から利用客が同時に駅に流れ込むことを防げる。阪神は混雑回避にあの手この手を繰り出した。

この大会の出場校がどういう列車に乗って大阪にやって来たかを伝える記事はほとんどない。わずかに東海地区の享栄商業、岐阜商業、富田中、津島中の4校が、3月25日17時15分大阪着の列車で到着したと伝えられているだけだ。これは、前年夏に東京高師附中が利用した沼津発の133列車だろう。前年12月1日に行われたダイヤ改正で大阪行が姫路行になり、大阪着は17時17分に変更された。名古屋発は12時00分、岐阜発は12時48分で改正前と変わらないのだが、米原－大阪間でスピードダウンしている。復活第1回の選抜大会が行われた頃は国鉄の輸送能力が最も低下していた時期と重なる。原因は蒸気機関車を動かす石炭の不足。列車の運転本数は相次いで削減され、最重要路線の東海道本線に急行が1本も走らない状態にまで落ち込んだ。東海地区の4校が呉越同舟で来阪したのも、ほかに適当な列車がなく同じ列車に同乗するしかなかったためと考えられる。

この大会の出場校には、高知の城東中も含まれていた。前年夏、西宮での全国大会に遠征する際、土砂崩れで不通になった土讃線の区間を歩いて越えて大阪にやって来た学校だ。その後、1946（昭和21）年12月21日に潮岬南方沖を震源とする昭和南海地震が発生、土讃線はまたしても各所で不通となった。それから約3カ月。同線は完全復旧には至らず、城東中一行は高知から関西汽船の群山丸《ぐんざんまる》で大阪入りした。船名が朝鮮半島南西部の群山《クンサン》という地名に由来しているとおり、終戦までは日朝航路で活躍していた船で、戦後、内国航路に転用された。関西汽船の大阪－高知航路は、1971（昭和46）年から大阪高知特急フェリーとなり、2005（平成17）年に経営不振で姿を消した。城東中は前年の〝苦難〟に加え、地震の影響が残っていたこともあって船を選んだのだろう、その甲斐あってか、本大会では3勝を挙げて準決勝に進出。小倉中に1対0で惜敗するが、前年夏を上回る好成績を残した。

復活第1回の選抜大会を制したのは徳島商業だった。戦中の1943（昭和18）年に甲子園で行われた全国中等学校錬成野球大会の優勝校だが、同大会は文部省の主催で夏の選手権大会とは全くの別モノ。とはいえ、終戦という歴史の転換点をはさみ、それ以前最後とそれ以後最初の〝甲子園大会〟を徳島商業が優勝したというのは何とも不思議な巡り合わせだ。

ひとまず甲子園に戻って復活を遂げた選抜大会は、その後もスポーツのシーズン制にこだわるＣＩＥからの締め付けに遭い、翌年以降も開催できるかどうか、予断を許さない状

毎日新聞
きょう衆院解散
六年ぶり選抜の春かえる
戦後初の十万観衆
甲子園に盛儀の開會式

6年ぶりの選抜大会開催を告げる記事。
1947（昭和22）年3月31日付け毎日新聞大阪版1面

況が続いた。それどころか、夏の大会までもが、朝日新聞社主催という点がネックとなり、継続が危ぶまれる状況に至った。そこで、同年夏の大会は「全国中等学校野球連盟が朝日新聞社の全面協力によって開く」という実に曖昧な表現を用い、創設以来の大会回数を積み重ねず、「昭和22年度全国中等学校野球選手権大会」と銘打って行うこととした。

一方、翌1948（昭和23）年の選抜大会は、もともとあった全国の文字を外し、大会数も通算せず、4月からの学制改革を受けて「第1回選抜高等学校野球大会」と称することにして開催に漕ぎ着けた。今から考えれば苦肉の策とも言えるが、何としてでも春夏の大会を存続させたいと躍起になっていた関係者の苦心の跡が読み取れる。

なお、１９４７（昭和22）年までに開催された19回の選抜大会の中で、東北、北海道から出場した学校は１９３８（昭和13）年第15回大会の北海中だけ。北陸３県と新潟からは、１９３０（昭和５）年第７回大会の敦賀商業以外に出場した学校がなかった。さらに山梨を含む関東１都７県からの出場が１校以下という大会が９回もあった。全国大会と名乗ってはいたものの、出場校は長野、静岡以西の学校に偏っていたわけだ。地域間の実力差に加え、北国の学校は低温や雪のために冬季の練習がままならなかったことが考慮されていたようだ。

ともあれ、鉄道、とくに国鉄の運行体制が石炭不足でどん底の状況に陥っていた時、高校野球も従来通りの開催ができなくなりそうな危機的状況に追い込まれた。それはともに戦後の混沌とした国内情勢を反映するものでもあった。そうした中、鉄道も高校野球も、関係者の必死の努力に支えられ、復興への道を歩んでいく。今があるのは、その時に力を尽くしたさまざまな人たちのおかげと言ってもいいと思う。

新幹線開業前の優勝、準優勝校の帰路

戦後の混乱の中で、夏の選手権大会と春の選抜大会が復活した。ＣＩＥに忖度して朝日

新聞社主催の〝色〟を薄め、前年までの大会数を通算せずに行われた1947（昭和22）年の全国中等学校野球選手権大会は、好投手・福嶋一雄を擁する小倉中が優勝した。これにより、優勝旗が初めて九州の地にもたらされることになった。

同校一行は決勝戦翌日の8月20日、大阪19時50分発の門司行231列車に乗り込み、翌21日の11時30分に門司に着いた。同校は前年夏に鹿児島商業とともに関門トンネルを通って初めて全国大会に遠征したチームの1つとなったが、それから1年を経て、今度は優勝旗を携えて関門トンネルを通った初めてのチームになった。門司では門司港から来た12時40分発の熊本行115列車に乗り継ぎ、12時49分に地元・小倉に凱旋した。駅前を大勢の群衆が埋め尽くす中、門司鉄道局工機部ブラスバンドが祝勝曲を演奏、小倉市長が祝辞を述べ、後援会からはチームに花束が贈呈された。その様子はラジオの生中継によって九州全土に伝えられた。駅での祝賀行事が終わると同校は市内をパレード。西鉄は花電車を運行して九州勢初の快挙を祝福した。

小倉中は翌1948（昭和23）年春の学制改革に伴って名称を新たにした同年8月の全国高等学校野球選手権大会で夏の連覇を達成する。この大会では、エースの福嶋が1939（昭和14）年の海草中・嶋清一以来2人目となる全5試合完封という快投を披露した。福嶋は後に社会人の八幡製鉄（現・日本製鉄）でも主戦投手を務め１９５４（昭和29）年の都市対抗優勝に貢献。２０１３（平成25）年に野球殿堂入りした。

この年から新大会歌として採用されたのが「栄冠は君に輝く」。朝日新聞社が大会の改称と創設以来30回目の開催が重なったことを記念して歌詞を公募、最優秀作品に作曲家の古関裕而がメロディーを付けた。古関を輩出した福島市のＪＲ福島駅では、この曲の一部を新幹線の発車メロディに使用している。高校野球と鉄道の結びつきはこんなところにもあった。

福島駅にある古関裕而像。「栄冠は君に輝く」をはじめとする代表曲が30分ごとに流れる（筆者撮影）

１９４９（昭和24）年の第31回選手権大会は、神奈川の湘南が春夏通じて初めての出場で初優勝を果たした。監督の佐々木久男は、後にフジテレビ「プロ野球ニュース」のキャスターとして活躍した佐々木信也の実父。信也自身も野手として出場し、準々決勝の松本市立戦でサヨナラヒットを放つなど、優勝に貢献した。

前々年、前年と2年連続で関門海峡を越え九州・小倉に渡った優勝旗は、１９４９（昭和24）年6月に発足したばかりの日本国有鉄道の列車で初めて丹那トンネルを抜け、関東にもたらされた。その旅程について、8月22日の『朝日新聞』には次のように書かれている。

「全国高校野球に優勝した湘南高チームは、二十一日、朝日新聞大阪本社及び大阪市内を見学ののち、午後七時二十分大阪発、帰郷の途についた。藤沢へは二十二日午前十時二十八分到着の予定」

大阪19時20分発というのは東京行２０１８列車。同列車は、下りの２０１７列車とともに１９４８（昭和23）年7月1日のダイヤ改正で東京―大阪間に設定された不定期急行だ。１９４７（昭和22）年1月4日から4月13日まで、石炭事情の悪化により、〃省線〃（国鉄になる前の呼称）は全国で急行列車の運転を休止し、旅客列車はすべて鈍行という状態に陥ってしまった。春になり、エネルギー事情が改善され始めると、少しずつ旅客列車の増発、急行列車の運転再開が進んでいった。２０１８列車が設定された１９４８（昭和23）年夏のダイヤ改正では、急行の速度を落としながら、準急の増発を図るなど、列車の運行本数を増やす措置が講じられた。

湘南一行が乗車した急行２０１８列車は藤沢にはとまらない。手前の停車駅は小田原で早朝5時29分に着く。なのに、藤沢着は10時28分。これはどういうことか？　その答えが

『産経新聞電子版』の「令和人国記２０２３年４月10日更新分」に載っていた。それは佐々木信也へのインタビュー記事。その中にこんな一節がある。

「優勝した次の日、夜行の急行列車に乗って帰りました。座席は木でリクライニングもなく、直角です。小田原駅で降りて列車を乗り換えました。国府津《こうづ》駅前にある湘南高の先輩がやっている旅館で、お風呂に入り、朝ご飯を食べ、汚いユニホームに着替えて、また列車に乗りました。私はもう疲れ果てて、お風呂も入らず、ご飯も食べませんでした」

選手たちは藤沢到着後の祝賀会や市内パレードに備え、旅館の風呂で旅のアカを洗い流し、腹ごしらえをすませ、歴戦の跡を物語るユニフォームに着替えて凱旋していったのだ。小田原で乗り換えたのは5時35分発の８０４列車。沼津始発で、当時の山手線、京浜東北線の混雑を緩和するため上野まで運転されていた列車だ。これで5時47分に国府津着。旅館でひと休みした後は、９時49分発の東京行８２４列車（小田原始発）に乗って、記事にあるとおりの時刻に藤沢に着いた。それからのことを佐々木はこう語っている。

「藤沢駅に降りたら、駅前に藤沢市民が全員集まったんじゃないかと思うぐらいの人で、歓声がすごく、大感激でしたね。そこから学校までスパイクシューズで歩いたんですよ。コンクリートやアスファルト、砂利道の上を。学校に着いた時は皆、ゲンナリしてました。

次の日が鎌倉市で祝勝会。トラックの荷台に乗って市内を回りました」

徒歩とトラックで、２日がかりのパレードが行われたようだ。ちなみに、同校一行がひと休みした国府津駅前の旅館は相模湾の海の幸を使った料理が名物だったそうだが、数年前に廃業してしまったという。

話は一気に１９５０年代後半へ飛ぶ。１９４９（昭和24）年の湘南と同じような旅程で帰った学校があった。１９５７（昭和32）年の第29回選抜大会で優勝した早稲田実業だ。中心選手は新２年生エースの王貞治。早実は２回戦、準々決勝、準決勝の３試合をすべて王の完封で勝ち上がり、決勝では高知商業を５対３で下して初優勝を飾った。これによって、紫紺の大優勝旗が初めて箱根を越えた。

優勝の翌日、４月８日の『毎日新聞都内版』は、喜びに沸く母校校内や王の実家、墨田区業平橋の中華料理店「五十番」の様子などを詳報、さらに帰路の旅程も記事にした。

「優勝した早実チームは八日、準優勝の高知商高チームとともに毎日新聞大阪本社を訪問ののち、同夜十時半大阪発の『月光』に乗車、途中熱海で朝ブロを浴びて疲れをいやし、九日午後一時十一分東京駅に着く」。

国鉄は前年の１９５６（昭和31）年11月19日に全国白紙ダイヤ改正を実施していた。これは東海道本線の全線電化に伴うもの。東京と博多を結ぶ夜行特急「あさかぜ」が新設されたほか、同線の優等列車ラインナップが整備され、新幹線開業前の〝基本型〟が出来上がった。「月光」はその時に設定された東京－大阪間の夜行急行。記事にもあるとおり大阪発は22時30分、熱海着は7時14分だ。早実一行は熱海で「月光」を降り、OBが経営する温泉旅館の大浴場で汗を流し、大広間で勝利を祝してジュースで乾杯した後、朝食を食べ、熱海始発の838列車（11時04分発の湘南電車）で東京に凱旋した。9日の『毎日新聞夕刊』がその様子を伝えている。

「全国高等学校選抜野球大会に栄えの優勝をとげた早稲田実業高校チーム一行は九日午後一時十分（筆者注＝ダイヤでは13時11分着）帰京した。この日東京駅頭には母校浅川校長をはじめ後援会、父兄、応援団など数千人が出迎えた。湘南電車がすべりこむ十番線ホームは人がはみ出るほどの騒ぎ。堀江キャプテンが手にする紫紺の大優勝旗を先頭に、選手は一列で下車したが、たちまち人垣にはばまれてもみくちゃになる。熱海で熱戦のアセを流してきた選手たちは歓迎の人波にもまれてアセだくのありさま。『試合より歓迎のほうがこわい』といっていた選手たちの心配がそのままあらわれたかたち」。

その日、昼下がりの東京駅はたいへんなことになったようだ。選手たちは4台のオープンカーに分乗してパレードに出発、当時は有楽町にあった毎日新聞社に立ち寄って挨拶を済ませ、新宿区早稲田の母校に戻っていった。高校野球の優勝パレードが東京駅からスタートしたのはこの時が最初で最後。今、東京ステーションホテルの客室通路には、多くの人たちに囲まれながらパレードが東京駅を出る際の写真が掲げられている。

翌1958（昭和33）年、夏の大会は40回目の節目開催を迎えた。これを記念して、全国46の都道府県と日本返還前の沖縄からそれぞれ1校ずつ、計47校が出場することになった。当然ながらその分だけ試合数が増える。そのため、この年は1回戦から3回戦までの試合を甲子園球場と西宮球場に振り分けて行うこととした。これに伴い、阪神とともに阪急も臨時電車を運転して観客輸送に当たった。大会前の『朝日新聞』には、阪神が甲子園に特急を臨時停車させることや、阪急が国鉄甲子園口駅と西宮北口駅とを結ぶ路線バスを増発して、西宮球場前に停車させる、という案内が載った。また、福井代表・敦賀の応援には、「市長以下2000人が臨時のホームラン列車で繰り込む」との記事も見られた。高校野球応援の団体臨時列車はこの頃から運転され、平成の初め頃に全盛期を迎えることになる。

1963（昭和38）年夏の第45回記念大会でも全都道府県から1校ずつが出場した。北海道は1959(昭和34)年の第41回大会から南北に分割されていたので、この記念大会には沖縄代表を加えて48校が出場した。試合数増加に対応するため、再び甲子園、西宮の両球場が使用された。同大会の組合せ抽選会の様子を伝える記事は、甲子園での試合を引き当てると歓声が沸き、西宮に回ることが決まると静かになった、と伝えている。やはり高校野球本大会の舞台は甲子園でなければならない。西宮の併用はこの時が最後となり、阪急の高校野球観客輸送にもピリオドが打たれた。

ちなみに、第40回または第45回の記念大会で〝夏初出場〟を果たしたものの、それ以降2023(令和5)年の第105回大会まで出場できずにいる学校のうち、西宮で戦っただけで甲子園では試合をしていない学校がいくつかある。40回大会の愛媛・八幡浜、広島・尾道商業、滋賀・甲賀(現・水口高校)と45回大会の茨城・水戸工業、滋賀・長浜北の5校だ。この中で、八幡浜、尾道商業、甲賀、長浜北の4校は後に選抜大会に出場し甲子園を経験しているが、これまで水戸工業が全国大会に出場したのは第45回の夏だけ。同校は、大会2日目、8月10日の西宮球場第2試合で岡山東商業に2対1で敗れ、甲子園で試合することはできなかった。今のところ同校は、戦後の学制改革によって春夏の高校野球が始まって以来、全国大会に出場したことはあるものの甲子園の試合経験がない唯一の

1908（明治41）年から1988（昭和63）年まで運航した青函連絡船

学校となっている。そんなことに気がついてしまったので、水戸工業が全国大会に出場し甲子園で試合ができるよう、勝手ながら応援したくなった。

1963（昭和38）年、第35回選抜大会では、北海が準優勝した。同校は宮崎・日南、大阪・PL学園、愛知・享栄商業、東京・早稲田実業を相次いで撃破。決勝では下関商業に10対0で敗れたが、当時の北国の代表としては奇跡的な大健闘を見せた。

決勝翌日の4月6日朝、北海一行は帰路に就いた。大阪から利用した列車は不明だが、ひとまず東京に着いて2泊。8日、上野15時10分発の急行「八甲田」（東北線経由）に乗り、翌9日5時16分に青森着。同6時20分発の青函連絡船13便で10時50分函館着。同11時10分発の急行「オホーツク」に乗り継ぎ、15時52分に札幌に戻った。この急行は網走行の「オホーツク」と釧路行「摩周」、稚内行「宗谷」を併結して函館を出る〝3階建て〟の列車。滝川と旭川で分割が行われていた（上りは両駅で併合）。大正時代に北海が夏の大会に初遠征した時は片道3泊4日の移動を強いられたが、1963（昭和38）年春は同じ3泊4日でも車中泊はひと晩だけ、東京で2泊という余裕が生まれている。その間、戦時や戦後の〝停滞〟や〝後退〟はあったものの、列車（連絡船）の旅は確実に速さと快適さを向上させていた。

優勝旗　初めて東海道新幹線に乗る

1964（昭和39）年10月1日、東海道新幹線が営業運転を開始、日本の鉄道新時代が幕を開けた。その9日後、10月10日に始まった東京オリンピックでは、野球は正式競技にはならなかったものの、公開競技として実施された。

翌1965（昭和40）年3月27日開幕の第37回選抜大会では、いくつかの出場校が開業から半年足らずの新幹線に乗って大阪入りした。東京・荏原、静岡、長野・塚原天竜（現・松川高校）の3校だ。この中で〝新幹線一番乗り〟を果たしたのは塚原天竜だった。

1964（昭和39）年東海道新幹線出発式

同校一行は3月20日、伊那大島10時53分発の飯田線普通電車126Mで地元を出発、11時20分着の桜町で下車、飯田市内で壮行パレードを行った後、飯田13時54分発の普通電車220Mで〃再出発〃、18時00分に豊橋に着いた。ここから乗ったのが東海道新幹線の「こだま117号」だ。東京を15時30分に発車した列車で、豊橋発は18時09分、新大阪着は20時30分。『毎日新聞』の記事には21時頃に西宮市内の宿舎に到着したとある。この当時は、東京毎時00分発で名古屋、京都だけに止まる「ひかり」が4時間ちょうど、同30分発で各駅停車の「こだま」が5時間ちょうどで新大阪に到達、「ひかり」は浜松で先行する「こだま」を追い抜くダイヤだった。

次いで22日、静岡が静岡11時05分発の「こだま107号」に乗車、14時30分に新大阪に着いた。さらに同日、荏原が東京13時00分発の「ひかり13号」で地元をたち、17時00分に新大阪に到着した。

一方、荏原とともに東京から出場した明治は在来線を利用した。21日の東京10時00分発急行「いこま」で、大阪着は17時27分。新幹線が走り始めた後も、東海道本線には東京と大阪を結ぶ昼行列車が運転されていた。明治だけではない。北海道・苫小牧東、愛知・中京商業、岐阜短大付属（現・岐阜第一高校）の各校も〝在来線組〟だった。

中でも苫小牧東は大会開幕の13日前、14日の8時18分に急行「すずらん」で早々に苫小牧を出発している。そして、同日12時05分に函館着、同12時25分発の青函連絡船20便で16時45分青森着、同17時25分発の急行「いわて」（常磐線経由）で15日6時54分に上野着、東京駅に移動して8時30分発の大阪行急行「六甲」に乗車、13時27分に名古屋に着き、そこで列車を降りた。これは、名古屋市内にある社会人野球チームのグラウンドを借りて〝直前合宿〟を行うための途中下車。同校に限らず、北国の学校は冬の練習不足という課題を抱えていた。苫小牧東はそれを解消しようと、早めに地元をたって〝長期遠征〟に出かけたわけだ。同校が名古屋で合宿した甲斐はあったようで、本大会では飯田線と新幹線を使ってやってきた塚原天竜と対戦、6対1で勝って、8年ぶり2度目の選抜出場で初勝利を挙げた。なお、同校一行が名古屋から〝再出発〟した際に利用した列車については、新聞に記載がなく特定できなかったが、新幹線ではなく在来線で大阪入りしたようだ。

そのほか、中京商業は22日名古屋10時01分発、大阪12時37分着の準急「比叡3号」、岐阜短大付属は同日岐阜13時53分発、大阪16時00分着の急行「六甲」を利用した。当時、開業間もない新幹線はまだまだ特別な列車だったようで、名古屋、岐阜周辺と関西との間を移動する際、東海道本線の急行に乗る人も多かった。

1965（昭和40）年夏の第47回選手権大会は、原貢（読売ジャイアンツで選手、監督として活躍した原辰徳の父）が率いる福岡・三池工業が優勝した。同校一行は決勝の翌々日、8月24日夜に大阪22時18分発の宮崎行急行「第2日向」（不定期列車。同年夏は大阪発7月28日から8月26日まで運行）に乗車し、25日8時42分に小倉に到着。駅前での歓迎行事を終えると、近くの砂津にあった朝日新聞西部本社からパレードに出発した。それは、小倉の繁華街から黒崎、折尾を通り抜け、国道3号線を南下して福岡市内に入り、昼過ぎに県庁へ。そこでの歓迎行事を経て、天神、渡辺通、二日市、久留米を通って、午後3時頃に地元・大牟田に凱旋するというもの。現在のJR鹿児島本線小倉−大牟田間の営業キロは136・5㎞で、それに匹敵する距離を、歓迎行事をはさみながら約6時間で走り通す壮大なパレードだった。

そのパレードを前に、三池工業の選手たちが「第2日向」の車中で朝を迎えた時の様子を、25日の『朝日新聞西部本社版』が記事にしていた。

「きょうは九州入りという朝、一番早く目をさましたのは上田投手。明け方五時ごろ、列車が山口県にはいってからだった」

「『もうじき九州。早く帰りたい』、上田君は、車窓にへばりつくようにしてつぶやいた。だが、目ざとい乗客がすぐ上田君に気づいた。『おめでとう』『よくやった』。さっそく歓迎ぜめ。なかには、三池工チームが乗っていると聞いて、選手たちが起きるのを待った人もいる」

「徳山、防府、小郡（筆者注＝現・新山口）と列車が止まる途中の各駅でもホームには歓迎の人。九州に近づくにしたがって、その数もふえた」

「列車が防府をすぎるころには全員元気で起床。さっそく、汗と泥によごれたユニホームに着替えた。『この泥は甲子園の土だぞ』『いつまでも洗わずにとっておきたいなぁ』。やがて、九州入りにそなえ木村主将が深紅の大優勝旗をとりだした。『いまごろになって、優勝の実感がしみじみとわいてきた』。木村君がきんちょうした表情でつぶやく」
「下関駅は百余人の歓迎でいっぱい。『おい、いよいよ九州だぞ』。穴見捕手が、関門海峡をきっとにらんでナインに声をかけた。深紅の大優勝旗は、車窓にさし込む朝日にはえてまばゆかった」

同校のパレードは、小倉に着く前、夜行列車での一夜が明けたときから始まっていた。

１９６６（昭和41）年、高校野球全国大会の優勝旗は初めて新幹線に乗った。春の第38回選抜大会と夏の第48回選手権大会を愛知・中京商業が連覇。同校は紫紺（春）と深紅（夏）の大優勝旗を東海道新幹線で名古屋に持ち帰った。春に乗ったのは4月4日新大阪13時35分発、名古屋14時50分着の「こだま１２０号」、夏は8月25日新大阪13時00分発、名古屋14時06分着の「ひかり24号」だった。前年、つまり新幹線開業半年後の選抜大会出場時には在来線の急行で大阪入りした同校も、この年にはごくふつうに新幹線を使うようになっていたわけだ。ちなみに、新幹線開業の1年後、１９６５（昭和40）年10月1日から、東京－新大阪間の「ひかり」3時間10分、「こだま」4時間運転が始まっている。もちろん、春も夏も、名古屋駅から母校まで盛大なパレードが行われた。

１９６７（昭和42）年夏の第49回選手権大会では千葉・習志野が優勝。深紅の大優勝旗は決勝戦翌日の8月21日、新大阪11時00分発、東京14時10分着の「ひかり20号」で、選手らとともに東海道新幹線を初めて乗り通した。同校一行は山手線、総武線を乗り継ぎ、千葉県内最初の停車駅・市川で下車。そこから県庁のある千葉まで行って、本千葉駅近くの羽衣公園で行われた祝賀行事に出席し、学校のある習志野に引き返す約50㎞のパレードを繰り広げた。母校にたどり着いたのは夜7時40分。校庭では1万数千人の人たちが出迎えたという。

ところで、1950〜60年代の高校野球では、四国、中国、九州勢が好成績を残していた。香川の高松商業、坂出商業、愛媛の西条、松山商業（松山東と統合されていた時期を含む）、徳島の鳴門、海南、高知の土佐、高知、大分の津久見、それに福岡の久留米商業や先に書いた三池工業などが、春夏の大会で次々と優勝または準優勝を果たした。これらのチームの多くは甲子園遠征の行き帰りに船を利用していた。当時、関西汽船が大阪、神戸と高知、松山、別府などを結ぶ定期船を運航していたからだ。これらを利用すれば、四国のチームにとっては国鉄線と宇高連絡船を乗り換える面倒がなくなる。そして、船を利用する際の最大の利点といえば、広間でゆったり足を伸ばせること。いわゆる〝雑魚寝〟の状態にはなるものの、夜行列車の寝台車よりもくつろぐことができる。その快適さは鉄道の座席車とは比べものにならない。新幹線の開業や在来線のスピードアップなどで列車の旅が便利になったとはいえ、船を使ったほうが楽と感じていた人は多かったはずだ。そう考えると、船での遠征が、この当時の四国・九州勢の快進撃を少なからず後押ししていたのかもしれない。久留米商業や三池工業など、夜行列車で遠征したチームも頑張っていたではないか？　と言われれば、確かにそのとおり。そして、１９６８（昭和43）年から69（昭和44）年にかけては、長距離の列車移動を余儀なくされていた北国のあのチームが甲子園で大活躍、全国にその名をとどろかせるのだが……。

球史に残る太田幸司の三沢と鉄道

１９６８（昭和43）年、夏の選手権大会は50回目の記念大会を迎えた。この大会に青森代表として出場した三沢は、８月５日に青森市内で壮行会を行った後、青森16時02分発の急行「第２八甲田」（不定期３１１０列車、同年夏は青森発７月25日〜８月25日運転、東北線経由）に乗車、翌６日５時58分に上野着、東京に移動し、同７時00分発の「ひかり５号」に乗り継いで10時10分に新大阪に着いた。三沢が甲子園へ向けて旅立った翌日の８月６日には東北本線盛岡－青森間の複線化工事が完成し、目時駅で線路の締結式が行われている。同日の『朝日新聞青森版』には、それを伝える記事と前日に三沢が青森から出発したことを報じる記事が並んだ。そこには、「10月には電化」とも書かれていた。同校の選手たちを乗せた急行「第2八甲田」は、盛岡まで蒸気機関車が牽引し、単線の線路を走っていた。

三沢の初戦は8月10日。2日目の第4試合で熊本・鎮西を7対0で破り2回戦に進出したが、16日、8日目の第3試合で長崎・海星に3対1で敗れ、早くも甲子園を後にした。帰路に乗ったのは17日新大阪15時35分発の「こだま132号」。19時35分に東京に着き1泊した後、18日に貸切バスで東京をたって三沢に帰った。東北自動車道が開通するはるか前の時代。ひたすら一般道を北上して帰郷していった。

このチームのエースだったのが2年生の太田幸司。鎮西戦では完封勝ちを収めていた。夏の大会を終え新チームに生まれ変わった三沢は、エース太田の活躍などで秋の東北大会を勝ち抜き、翌1969（昭和44）年春の第41回選抜大会に出場する。

1968（昭和43）年夏と1969（昭和44）年春の大会の間に、国鉄は歴史的なダイヤ改正を行っていた。昭和43年10月1日に実施されたことから「ヨン・サン・トオ」と称された白紙大改正だ。これにより、国鉄ダイヤは全国一斉に書き換えられたが、中でも東京－青森間の全線で電化、複線化が完了した東北本線や、それにつながる常磐線では、電車や電気機関車牽引列車が全区間を走り通すようになり、運転時刻の大幅変更や特急、急行の大増発も行われ、旅行者の便は格段に向上した。

1969（昭和44）年の選抜大会開幕は3月27日。三沢はその約3週間前、3月8日に三沢17時45分発の急行「十和田3号」（常磐線経由）で地元を出発した。もちろんこれは青森から上野まで電気機関車が牽引する列車だった。そんなにも早く遠征に出かけたのは名古屋で〝直前合宿〟を行うため。先に書いた北海や苫小牧東などと同様、北国からの選抜出場校には冬の練習不足という〝ハンデ〟が常につきまとっていて、それを解消するためのさまざまな試行錯誤が長年にわたって続けられてきたのだ。一行は9日5時30分に上野に着き、東京駅から東海道新幹線で名古屋に向かった。おそらく東京6時40分発、名古屋8時42分着の「ひかり3号」だったと思われる。

「ヨン・サン・トオ」の改正では、上野－青森間の特急に583系寝台電車が導入された。昼は座席車、夜は寝台車として使える同系車両の特徴をフル活用し、東北線経由昼行「はつかり」上下各2本と同夜行「はくつる」上下各1本、常磐線経由夜行「ゆうづる」上下各2本のうちの各1本が同系電車で運転された。また、東京－青森間の急行は、東北線経由の「八甲田」が昼行（気動車）と夜行の上下各1本、常磐線経由の「十和田」が昼行上下各1本と夜行上下各6本（不定期を含む）、奥羽線経由「津軽」が夜行上下各2本という構成になった。そして、「ヨン・サン・トオ」の改正前まで、複数の〝同僚〟が運

「ヨン・サン・トオ」の改正でデビューした583系寝台電車

転されている列車には「第○＋愛称」と「愛称＋○号」という2通りの呼称が使われていたが、改正後はこれが後者に統一された（その数字を下りは奇数、上りを偶数としたのは、1978（昭和53）年10月の『ゴー・サン・トオ』改正から）。三沢が1968（昭和43）年夏に乗ったのが「第2八甲田」で、1969（昭和44）年春に利用したのが「十和田3号」になったのはこのためだ。なお、下りの「十和田1、4、7号」、上りの「1、3号」には急行ながら食堂車が連結されていた。

三沢は、今はなき社会人野球チーム・日本通運名古屋の東山球場で練習を重ねた。同球場は東山

動物園の近く、選抜発祥の地・八事からもそう遠くないところにあったそうだ。同校は3月21日午後の新幹線（列車は不明）で大阪入り。〝直前合宿〟は成果を発揮し、28日の2日目第2試合で福岡・小倉を4対2で下して初戦を突破した。しかし、雨による2日間の順延をはさんで4月3日にずれ込んだ2回戦では、大阪・浪商に延長15回4対2で惜敗する。この試合で太田は13安打を浴びながら15回を完投し、存在感を高めた。

そして迎えた同年夏の第51回選手権大会。当時、記念大会では1都府県から1校ずつ（北海道からは南北2校）が出場できたが、それ以外の大会は一部の都府県を除き複数の県をひとくくりにした地方大会を勝ち上がらなければ甲子園に行けなかった。青森のチームにとっては、まず県内のトーナメントで〝2強〟に勝ち残り、岩手の〝2強〟を加えて争われる北奥羽大会の準決勝、決勝を制することが甲子園出場の条件となっていた。前年夏の選手権と同年春の選抜を経験した三沢は、青森大会を順調に勝ち進み、地元の青森で行われた北奥羽大会では岩手の一関商工（現・一関学院）、青森の弘前実業を破って、3大会連続の甲子園行きを決めた。

三沢は春に続いて新ダイヤの列車を利用して大阪に向かった。振り出しは8月5日。三沢を16時34分に出る臨時急行「十和田2号」だった。当時の時刻表には「8月24日まで運転」とあり、さらに「寝台は団体で満員になることがあります」、「7月26日～8月2、4～24日は普通車6両連結」と書かれていた。北海道連絡も兼ねていて、利用客の多い列車だったようだ。一行は翌6日の朝5時00分に上野に到着。東京へ移動し、6時00分発の「ひかり1号」に乗って9時10分に新大阪に着いた。前年夏は青森から新大阪まで約18時間かかったが、「ヨン・サン・トオ」のおかげで三沢から新大阪まで約16時間半で移動できた。

過去2回の甲子園出場を通じ、好投手として注目されていた太田は、この大会を前に〝アイドル的存在〟になっていた。後に東海大相模の原辰徳、鹿児島実業の定岡正二、早稲田実業の荒木大輔、斎藤佑樹ら、高校野球の〝アイドル〟は続々と誕生するが、太田はその〝元祖〟と言ってもいい。太田が活躍したのは、1964（昭和39）年に開催された東京オリンピックの4～5年後。オリンピックを経て日本中のほとんどの世帯にテレビが普及し、いわゆるビジュアルの良さが人気沸騰に欠かせない要素となっていた。

三沢一行が新大阪に着いた時の様子を、『朝日新聞青森版』が伝えている。

「選手たちは長旅の疲れも見せず元気いっぱい。『去年より暑くないな』など、大阪入りの感想を語り合っていた」

新大阪駅には、青森県大阪事務所長、同主任らが近畿青森県人会事務局を代表して「歓迎三沢高校」と書いた大きなノボリを立てて出迎えた。

「ホームの人たちも『あれが三沢よ』、『太田投手だ』などとささやいていた」

同年夏の大会は8月9日に開幕。三沢は8月12日、大会4日目の1回戦で大分商業に延長10回3対2でサヨナラ勝ちすると、14日の2回戦で大阪・明星《めいせい》、16日の準々決勝で京都・平安をともに2対1で撃破、17日の準決勝第2試合では岡山・玉島商業を3対2で破り、すべて1点差の接戦をモノにして、青森県勢として初めて決勝に駒を進めた。18日の決勝は、東北・北海道勢初の優勝をかけて古豪・松山商業と対戦。それまでの4試合を1人で投げ抜いてきた太田は、松山商業のエース・井上明と〝がっぷり四つ〟に組み合って歴史的な投手戦を繰り広げた。0対0で延長に突入した試合は規定の18回まで進み、ともに得点を挙げられず引き分け。翌19日に史上初の決勝再試合が行われることになった。試合時間4時間16分、太田は262球、井上は232球を投げた。

再試合は太田、井上の先発で始まった。太田は1回表に樋野和寿《ひのかずひさ》（後に明治大、日本鋼管で活躍）に2ランを打たれ、6回にも2失点するが、122球を投げて9回を完投した。一方の井上は1回裏に1失点して途中降板、その後を中村哲に託した。松山商業はそこからさらに井上↓中村と継投させ、三沢の反撃をしのいでいった。結局、4対2で松山商業が勝ち、1953（昭和28）年以来16年ぶり4度目の全国制覇を果たした。

惜しくも東北・北海道勢初の快挙は逃したものの、輝かしい成績を残した三沢一行の凱旋を、地元・青森の人たちが熱狂的に歓迎したことは言うまでもない。選手たちは決勝再試合翌日の20日、大阪19時30分発の特急「日本海」で帰路に就き、〝日本海縦貫線〟を通って翌21日の11時50分に青森に到着した。「日本海」は「ヨン・サン・トオ」のダイヤ改正で寝台車座席車併結の急行から寝台特急に格上げされた列車。改正直前には、大阪20時40分発、青森翌日18時44分着というダイヤで運転されていたが、特急昇格で大阪―青森間の所要時間は約6時間も短くなった。青森のヒーローたちは、走り始めたばかりの〝エリート特急〟で凱旋したわけだ。

学校のある三沢ではなく青森に降り立ったのは、同駅と青森県庁で青森駅長や県知事らの祝福を受ける歓迎会が待ち構えていたから。さらに一行は、青森から三沢まで、約100㎞に及ぶ大パレードに臨んだ。三沢に着いた頃には日も暮れ、最後は市始まって以来初めての提灯行列に。選手たちが母校に帰ったのは夜9時頃だった。

ところが、この歓迎会と大パレードに太田の姿はなかった。夏の大会終了後、高野連は高校選抜チームを結成して南米遠征を敢行することになっていた。太田はチームメイトの桃井久男、八重沢憲一とともにそのメンバーに選ばれたのだ。3人は三沢には帰らず東京に移動した。選抜チームの一行は8月26日に羽田をたち、ブラジル、ペルー、アメリカを回って計20試合を戦い、17勝3敗の成績を残して9月23日に羽田に戻った。そのうち、現地9月6日に行われたブラジル・マリンガチームとの対戦では、太田が完全試合を達成している。

羽田に戻った高校選抜チームの選手たちにも、熱狂的歓迎が待ち受けていた。『東奥日報』によれば、約300人の女学生たちが太田目当てに押しかけ、太田は到着ロビーでもみくちゃにされた後、他の選手とは別のルートで空港を脱出したという。その後、都内で選抜チームの解散式が行われ、三沢の3選手は上野23時30分発の急行「十和田7号」に乗り込んだ。翌24日10時53分に列車を降りたのは、三沢ではなく尻内（現・八戸）。駅前広場では、先に地元に帰っていた選手らが出迎えて歓迎会が催され、その後は10台のオープンカーを連ねて三沢までパレードした。太田、桃井、八重沢以外の甲子園出場選手は、2度のパレードを経験したことになる。さらに、同日夕方には三沢市民会館前でも市民歓迎会が実施された。またしても歓迎会とパレードの連続。甲子園の決勝戦から1カ月を過ぎても、地元の興奮が冷めることはなかった。

この話にはまだ続きがある。三沢は秋の国体にも参戦した。同年の開催地は長崎県。高校野球は佐世保で実施された。今度は大阪を通り越し、九州までの大遠征だ。山陽新幹線はまだ開業していない。三沢は10月26日の開会式にあわせ、22日に佐世保に着いた。同日の『長崎新聞佐世保版』には、「甲子園のヒーロー、太田幸司投手ら選手、父兄、応援団など二十三人、同日午後二時三十四分佐世保駅着の急行『弓張二号』で到着する予定」という記事が載っている。

「弓張2号」は博多12時05分発。東京18時50分発の寝台特急「あさかぜ1号」が翌日11時20分に博多に着くので、乗り継ぎにはピッタリだ。三沢一行は「あさかぜ」に乗ったに違いない。東京でそれに乗るための列車は、三沢6時22分発の急行「十和田1号」。常磐線回りで16時53分に上野に着く。10月21日早朝にこれで三沢を立ち、上野、東京、博多での乗り換え3回、車中1泊で翌日午後に佐世保到着。東海道新幹線を使わなくても、けっこうスムーズに移動できた。

11校が参加して行われた国体高校野球のトーナメントで、三沢は準々決勝が初戦となる枠に入った。その相手は松山商業対平安の勝者。するとそれが延長18回で引き分け再試合になった。勝ったのは松山商業。同校は夏の選手権大会に続いて、国体でも再試合を制した。こうして三沢対松山商業の再戦が実現。三沢は太田が完投、松山商業は井上と中村が継投し、1対1の9回表に決勝点を挙げた松山商業が2対1で再び三沢を下した。準決勝に進出した松山商業は静岡商業と延長12回の熱戦を繰り広げた末、サヨナラ負けを喫し、〝夏秋連続優勝〟を逃した。

1960年代から70年代は、鉄道全盛期と言ってもいい時代。三沢について長々と書いてきたのは、そのさなかに、同校の選手たちがさまざまな列車や電車を駆使して相次ぐ長距離遠征をこなしていたからだ。しかもそれは「ヨン・サン・トオ」の白紙ダイヤ大改正をはさんでいた。東北本線の全線複線化と電化完成は、高校野球で三沢が大旋風を巻き起こしていた時期と重なる。青森の人たちにとっては、盆と正月がいっぺんに訪れたような2年間だったかもしれない。

私の〝高校野球と鉄道〟〜その1〜

私が初めて甲子園へ行ったのは、1976（昭和51）年、高校1年生の夏休み。東京からは若者の味方、〝大垣夜行〟に乗車した。153系急行形電車が使われていた時代だ。少しでも寝ておこうとグリーン車を奮発したが、明日は甲子園と思うと気持ちが高ぶり、ほとんど眠れなかったことを覚えている。

“大垣夜行”に使用されていた153系急行形電車

甲子園の第1試合に間に合わせるため、名古屋で新幹線に乗り換え、先を急いだ。大阪からはもちろん阪神で甲子園へ。梅田で往復切符を買って電車に乗り込む。当時の特急は梅田から西宮までとまらなかったが、高校野球期間中は甲子園に臨時停車していた。つまり、甲子園まではノンストップ。そのためか、特急はかなり混んでいて、その時私はそれを補完する形で運転されていた甲子園行の臨時急行に乗ったような記憶がある。甲子園が近づくにつれ、ワクワク感が高まっていった。そして甲子園駅に到着。駅前では麦わら帽子売りのオバチャンが声を張り上げていた。

その日は、第58回全国高等学校野球選手権大会の3回戦3試合が行われた。第1試合は同年春の優勝校、広島・崇徳と長崎・海星が対戦。崇徳には後に斎藤佑樹の早稲田大学在学中に同校野球部の監督を務めた應武篤良、海星には〝サッシー〟と呼ばれ、卒業後はヤクルトスワローズに進む酒井圭一がいた。試合は1対0で海星が勝った。

第2試合は石川・星稜対奈良・天理。星稜のエースは後の中日ドラゴンズのエース・小松辰雄、天理の遊撃手は読売ジャイアンツなどで活躍することになる鈴木康友。小松のホームラン＋完投の活躍で星稜が3対2で天理を下した。

第3試合は沖縄・豊見城と春の準優勝校、栃木・小山の顔合わせだった。豊見城の監督は同校や沖縄水産を率いて一時代を築いた裁弘義、エースは後に読売ジャイアンツに入団する赤嶺賢勇。その豊見城が2対1で小山を破った。

3試合とも1点差の好勝負。夏の日が当たりっぱなしの3塁側スタンドで最初から最後まで観戦したが、まったく飽きることはなかった（暑さと眠気で〝もうろう〟としていた時間帯あり）。ホテル代を節約するため、泊まりは滋賀・草津の親戚宅。高校野球観戦の翌日からは、京都見物に出かけた。夕方の通勤時間帯にディーゼル機関車が牽く京都発草津線経由柘植行の客車列車があった。朝はその逆区間を走っていたはず。東海道本線（草津－京都間）にそんな列車が運転されていたのだから、〝大むかしの話〟だ。改めて調べてみると、草津線が電化されたのは1980（昭和55）年の3月だった。

この時はPL学園対西東京・桜美林の決勝も観戦した。これも1点を争う接戦となり、11回裏に菊池太陽の左翼越え安打で桜美林が4対3でサヨナラ勝ちして、初優勝を果たした。この試合は〝銀傘〟が陽を遮ってくれる一塁側で観戦。真正面に最後の打球が飛び、PLの左翼手がまぶしそうにそれを追いかけたものの、あと一歩届かなかったシーンは強く印象に残っている。左翼手にとっては、ちょうど正面から陽が照りつける時間帯。甲子園の太陽が太陽クンに味方したのかもしれない。

この甲子園観戦旅行のせいで、夏休みの宿題完了が〝いつも以上に〟遅れ、2学期の始まりに〝地獄〟を見てしまった。

第4章

荒木、松坂、清宮時代の高校野球と鉄道

遠征の主軸は新幹線に

1970（昭和45）年、大阪で万国博覧会が開かれた。6年前の東京オリンピックに次ぐ戦後を象徴するビッグイベント。万博見物と高校野球観戦を目当てに関西を訪れる人も多かった。

1971（昭和46）年夏の第53回選手権大会では、福島・磐城が準優勝した。同校の地元・いわき市は常磐炭鉱の企業城下町。ところが同炭鉱は、夏の大会の直後、8月31日に完全閉山されることが決まっていた。それは日本を支えるエネルギーの主流が石炭から石油へ転換される象徴でもあった。磐城の準優勝は、石炭全盛時代末期の三池工業の全国制覇とは別の盛り上がりを見せた。この快進撃に大きく貢献したのが、身長165㎝の身体で大奮闘し、〝小さな大投手〟と言われた田村隆寿《たかとし》。2回戦から決勝までの4試合を1人で投げ抜いたが、神奈川・桐蔭学園と対戦した決勝の7回裏に唯一の失点を喫し1対0で敗れた。東北・北海道勢の初優勝はまたしてもお預け。しかし、磐城はいわきの人たちを元気づけた。『東京中日スポーツ』の2018（平成30）年6月12日付け紙面に載った田村の回顧談によれば、地元に悲壮感はなかったという。炭鉱閉山を見越して、1966（昭和41）年に常磐ハワイアンセンター（現・スパリゾートハワイアンズ）が開業していたか

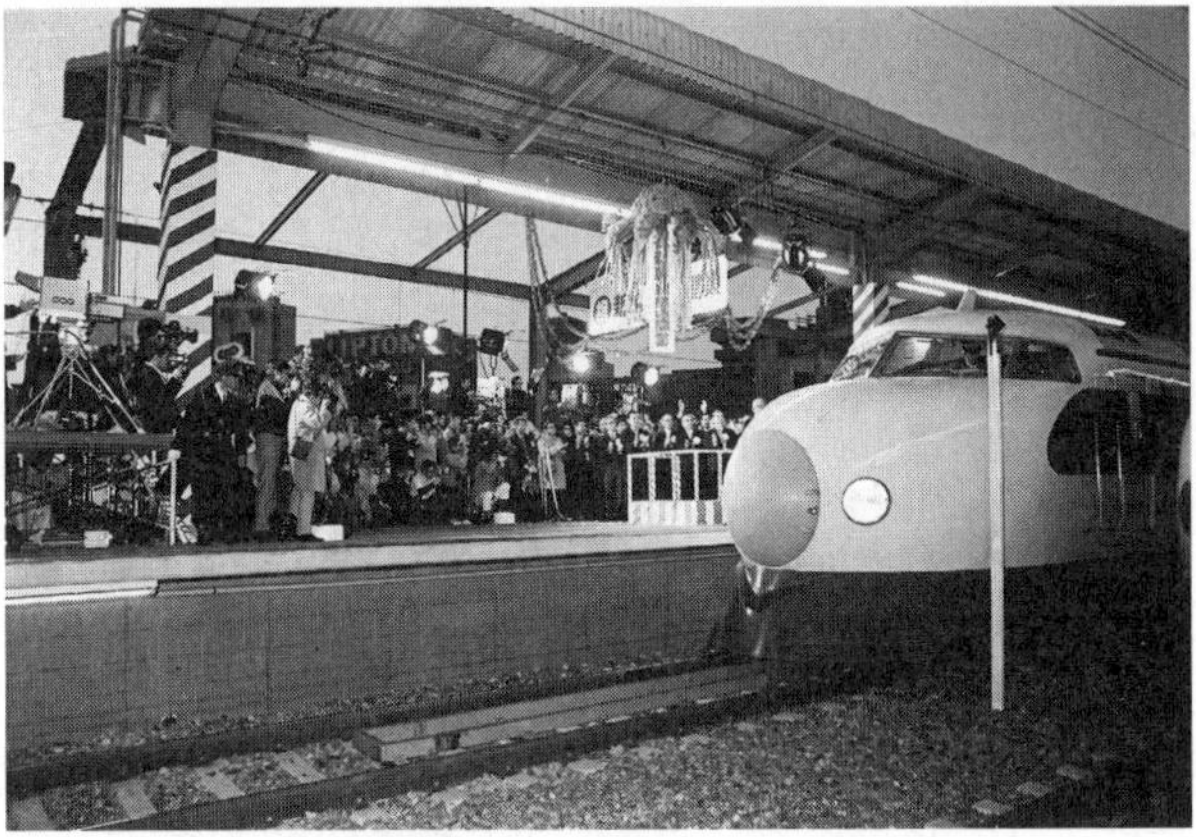

1972（昭和47）年山陽新幹線岡山延伸開業。岡山駅での出発式

らだ。

戦いを終えた選手たちは8月18日に新大阪をたって新幹線で東京へ向かい、上野12時00分発急行「ときわ6号」に乗り込む。上野の発車時刻からすると、新大阪7時45分発、東京10時55分着の「ひかり12号」を利用したと思われる。「ときわ」を降りたのは14時40分着の勿来《なこそ》。茨城と福島の県境を越え、いわき市に入って最初の停車駅で、そこから平（現・いわき）駅の北西にある母校まで市内をパレードした。遠い昔、勿来には、内陸部の〝白河の関〟、日本海側の〝鼠ケ関〟とともに、東北とそれ以南を分ける関所が置かれていた。これらは「奥州三関」と称されている。もしこの時、磐城が優勝して〝勿来の関〟を越えてい

たら、2022（令和4）年の仙台育英による〝白河の関越え〟はどのように扱われていただろう？　歴史を語る際に「もしも」は付き物だが、ふとそんなことを考えてしまった。

1972（昭和47）年2月、札幌冬季オリンピックが開催され、直後の3月15日に山陽新幹線が新大阪－岡山間で営業運転を開始。それから3年後の1975（昭和50）年3月10日には博多までの全線が開業し、最速列車は6時間56分で東京－博多間1174・9㎞（営業キロ）を駆け抜けた。鉄道は電化や複線化の一歩先をゆく新幹線の時代へと移り変わっていった。

「ひかりは西へ」というキャッチフレーズで山陽新幹線が延伸されていった頃、広島の高校が相次いで全国大会を制した。1973（昭和48）年夏、第55回選手権大会の広島商業と、1976（昭和51）年春、第48回選抜大会の崇徳だ。後に広島東洋カープで活躍する達川光男らがいた1973（昭和48）年夏の広島商業は、深紅の大優勝旗とともに、8月23日広島13時39分着の山陽本線特急「しおじ2号」で凱旋した。「しおじ」は、岡山での新幹線と在来線の乗り換えなしに大阪と倉敷以遠の間を行き来できることが〝売り物〟だった特急で、大阪または新大阪－広島または下関間に不定期を含め上下各7本が運転されていた。「同2号」は新大阪始発の広島行。広島商業一行の乗車駅が9時29分発の大阪だったか、9時49分発の三ノ宮だったかはわからなかった。

一方、１９７６（昭和51）年春の崇徳優勝は山陽新幹線博多延伸の約1年後。同校の選手たちは4月7日、定刻の12時10分より遅れて12時18分に新大阪に着いた東京発博多行の「ひかり23号」に乗り込み、14時10分頃、広島に凱旋した。紫紺の大優勝旗も「ひかりとともに西へ」もたらされた。

１９８０（昭和55）年夏の第62回選手権大会に早稲田実業が出場する。同大会で三沢の太田幸司に勝るとも劣らないブームを巻き起こしたのが同校の1年生投手・荒木大輔だ。早実は、荒木が在籍していた同年夏から１９８２（昭和57）年夏の第64回大会まで、春の選抜をあわせて5回連続の甲子園出場を果たす。その始まりとなる１９８０（昭和55）年の夏、早実一行は8月4日の東京15時00分発博多行「ひかり11号」に乗車し、18時10分に新大阪に到着。8日開幕の大会に臨んだ。

本大会では荒木が大活躍。8月11日の1回戦で大阪・北陽を完封すると、16日の2回戦、京都・東宇治戦は8回1／3を無失点に抑え途中降板、そして18日の3回戦で札幌商業、19日の準々決勝で沖縄・興南、21日の準決勝で滋賀・瀬田工業をそれぞれ完封し、通算44

回1／3を無失点で投げ抜き、チームを決勝に導いた。

この早実に、エース愛甲猛を擁する横浜が立ちはだかった。8月22日に行われた決勝は両投手の先発で始まったが、2人とも連戦の疲れで精彩を欠き、荒木は3回5失点、愛甲は5回4失点でマウンドを降りた。結局、愛甲の後を継いだ川戸浩の好投によって、横浜が6対4で早実を下し夏の初優勝を飾った。

惜しくも優勝を逃した早実は、23日の新大阪12時34分発「ひかり104号」で帰京する。東京着は15時44分。それ以降の様子を24日の『朝日新聞』が伝えている。一行は、駅に詰めかけた大勢の人たちの中をくぐり抜け、当時は有楽町にあった朝日新聞本社と東京都庁をバスで回り、祝福を受けた。そして、午後5時15分に5台のオープンカーに分乗して都庁からのパレードに出発、神保町や四ツ谷駅前などを通り、新宿・歌舞伎町の新宿区役所に立ち寄ってさらなる祝福を受けた後、新大久保、大久保、高田馬場の駅前を回っていった。当然ながらオープンカーは至る所で大勢の人たちに取り囲まれ、しばしば立ち往生。早稲田大学の東隣にあった母校には予定より約1時間も遅れて午後8時半にようやくたどり着いた。

一方、優勝した横浜の歓迎ぶりも凄まじかった。同校一行は早実より一足早く、新大阪

11時38分発の「こだま244号」で帰路に就いた。当時はほとんどの「ひかり」が東京−名古屋間をノンストップで走っていて、新横浜−新大阪間の移動は「こだま」を利用するのが一般的だった。「のぞみ」を含む新幹線の全列車が新横浜に停車するようになるのは2008（平成20）年3月15日以降だ。

ここからは、24日付けの『朝日新聞神奈川版』の記事を引用する。

「選手たちは二十三日午前十一時半すぎ、新大阪駅から百人ほどのファンに見送られて新幹線に乗り込んだ。

初優勝の喜びにひたったり、厳しかった練習の思い出話をしたりで、前夜一睡もしなかった選手も多く、新幹線の中ではウツラウツラしたりした。しかし、横浜チームとわかって、サインや握手を求める乗客も多かった。

静岡、熱海、小田原と、地元の新横浜駅に近づくにつれ、各駅のホームで待ち受けるファンの数は増え、『よくやった』と声をかけたり、手をふった。小田原駅では安西二塁手、鳥飼中堅手らに次々と花束が渡され、『新横浜についたらどんな歓迎を受けるんだろう』と青山梅麿部長はうれしそうな、〝不安〟そうな表情」

かつて、三池工業が優勝して地元に戻った時とそっくりの記事だ。

15時32分、「こだま244号」は新横浜に到着する。その後の熱狂的歓迎は青山部長の想像を超えるものだった。今度は24日の『朝日新聞東京版社会面』から。

「横浜高チームの選手たちが新横浜駅のホームに降りたのは予定通り午後三時半すぎ。駅前広場は一万五、六千人（県警調べ）の市民で埋まり、ホームにまで女子学生やチビっ子の野球ファンがつめかけ、選手たちは前に進めない。警察官や鉄道公安員が懸命に整理したが、それでも動けず、甲子園であれほどの強さを見せた横浜球児たちもホームにしゃがみ込んだ」

それから1時間後、選手たちは駅長室に〝避難〟。これ以上の混乱を招くことを防ぐため、駅前での「優勝報告会」は中止となる。

「午後四時四十分すぎ、選手たちは、パレード用のオープンカーに乗ったが、ここでも握手を求めたり、選手たちをひと目みようとする市民に囲まれ、三十メートル進むのに十五分もかかる」

同紙『神奈川版』によれば、ようやく始まったパレードは、新横浜駅前からの道路が見物の人たちで塞がれてしまい、そのまま進むと死傷者が出ると判断されたため、急きょ別ルートを通って行われたという。当初のルートの沿道に詰めかけた人たちにそれが知らされたのは午後6時頃。ポケベルも携帯電話もない時代で、広報態勢は不十分だった。3時間近くも待たされた上にすっぽかしを食らった人たちからは、朝日新聞横浜支局などに苦情が殺到したそうだ。

パレードは東神奈川駅前から関内駅前に至り、神奈川県庁前での「歓迎式」をはさんで伊勢佐木町商店街を抜け、学校最寄り駅の京浜急行・谷津坂駅（現・能見台駅）を通って母校に着いた。時刻は早実の母校到着とほぼ同じ、午後8時15分頃だった。

さて、早実は1981（昭和56）年春の第53回選抜大会、夏の第63回選手権大会、1982（昭和57）年春の第54回選抜大会に連続して出場する。同校は、この3度の遠征で大阪入りする際も、80年夏と同じ、東京15時00分発、新大阪18時10分着の博多行「ひかり11号」を利用した。80年準優勝の縁起を担いだのかもしれない。さかのぼって調べてみると、荒木が入学する前、1978（昭和53）年夏の第60回大会に早実が出場した時には、東京14時00発の「ひかり27号」で出発していた。

しかし、縁起のいい「ひかり11号」で大阪入りを続けたものの、〝勝利の女神〟はそう簡単に微笑んでくれなかった。81年春は1回戦で京都・東山に敗れ早々に姿を消した。同年夏は1回戦で高知、2回戦で鳥取西を下し、3回戦ではエースで4番の金村義明を擁する報徳学園と対戦する。早実は9回表を終わって4対1でリードしていたが、その裏に追いつかれて延長戦に突入、10回裏に金村の二塁打をきっかけに決勝点を奪われ、5対4でサヨナラ負けを喫した。この試合に勝った報徳学園は、準決勝で工藤公康がいた名古屋電気、決勝で京都商業を破って優勝する。翌1982(昭和57)年春は、1回戦で京都・西京商業、2回戦で岡山南に勝って準々決勝に進んだが、三浦将明がエースを務める横浜商業に敗れた。

そして、荒木ら3年生にとっては最後の夏となる同年の第64回選手権大会を迎えた。この時、早実は「ひかり11号」ではなく、8月3日の東京15時24分発「ひかり157号」で大阪へ向かうことにした(列車を変えた理由は不明)。ところがその日、台風通過とそれに伴う集中豪雨のため、東海道・山陽新幹線がストップしてしまった。これには東東京の早実だけでなく、西東京の日大二、千葉・東海大浦安、神奈川・法政二、茨城・鉾田一、栃木・足利工業、埼玉・熊谷、福島・安積商業などが巻き込まれた。夏の東京大会が東西に分割され、それぞれ1校ずつが甲子園に出場するようになったのは1974(昭和49)年の第56回大会からだ。

法政二、鉾田一、足利工業は飛行機のチケットが確保できたため、羽田から空路で大阪入りしたが、他校は東京で新幹線の運転再開を待った。４日の『読売新聞』によれば、このうちの安積商業は３日の郡山９時55分発特急「やまばと２号」で大阪に向けて出発した。この年の６月23日、大宮―盛岡間で東北新幹線が営業運転を始めていたが、運行本数は少なかった。一方、東北本線の特急は上野―盛岡間の「やまびこ」が全廃されたものの、上野―仙台間の「ひばり」は上下各14本のうち同８本が生き残り、奥羽本線に直通する上野―秋田間の「つばさ」と上野―山形間の「やまばと」も引き続き運転されていた。東北新幹線が走り始めても、大宮―上野間は「新幹線リレー号」などを利用しなければならず、大宮から東京へは京浜東北線ならダイレクトで行けたが時間を要し、「新幹線リレー号」に乗った場合は上野でさらに乗り換える必要があった。安積商業はこの面倒を避け、郡山から東京まで１回乗り換えで行ける「やまばと」に乗った。一行は12時46分に上野に着いて、東京13時36分発の「ひかり」で大阪入りするはずだった。しかし、東海道新幹線が運転を見合わせてしまったため、銀座のホテルに１泊。４日の東京６時00分発「ひかり21号」で〝再出発〟し、９時10分に新大阪に到着した。

早実も、西東京の日大二とともに東京駅で足止めされた。東京都高野連は急きょ同駅の会議室に両校選手を集めて〝合同壮行会〟を開催する。その後、早実は中央区晴海、日大二は港区のホテルに宿泊。翌4日、両校は東京7時34分発の岡山行臨時「ひかり91号」に同乗して、10時46分に新大阪に着き、その日の午後に甲子園練習という慌ただしいスケジュールをこなした。

大会は8月7日に開幕。早実は11日、5日目の第2試合に登場し、荒木から同学年の石井丈裕への継投で京都・宇治を完封、12対0で大勝し1回戦を突破する。荒木はこの試合でホームランも放った。2日後の13日、石川・星稜との2回戦では荒木が1失点したものの完投、再び二ケタの10点を挙げて快勝。17日の3回戦は3失点の荒木を打線が援護し、東海大甲府を6対3で下した。最後の夏を優勝で締めくくることができるか？「大輔フィーバー」とも「大ちゃんフィーバー」とも言われた荒木を取り巻く興奮は最高潮に達しつつあった。

その熱狂を木っ端みじんに粉砕したのが、18日の準々決勝第3試合で対戦した徳島・池田だった。蔦文也監督の指導の下、金属バットの威力をフルに発揮した池田は、3番江上光治、5番水野雄仁の2ランホームランなどで荒木をKO、救援した石井にも水野の満塁ホームランで追い打ちをかけ、14対2で早実を叩きのめした。「やまびこ打線」と呼ばれた池田の耳をつんざくような打球音と、荒木目当ての女性ファンが発する悲鳴が、球場内に交錯した。敗れた早実の選手たちは、翌日、新幹線は利用せず、貸切バスで東京に帰った。

荒木は同年のドラフト1位でヤクルトスワローズに入団する。時期は相前後するが、横浜の愛甲、報徳学園の金村、名古屋電気の工藤、池田の水野や荒木のチームメイト石井もプロ入りした。そのほかにも、この時期に甲子園に出場し、プロ野球に進んだ選手は多い。翌1983（昭和58）年からは、桑田真澄、清原和博らを擁するPL学園が一時代を築いた。高校野球史の中でも、この頃は特筆すべき時代だったと思う。ついでに言えば、荒木がスワローズからもらった背番号は高校1年生の夏に付けていた「11」。その数字は、甲子園に遠征する際、新3年生となる春まで4回続けて乗った「ひかり」の列車番号と同じ。さらには、初めて甲子園のマウンドに立った日にちと同じでもあった。

ヒーロー登場に沸く甲子園を支える鉄道輸送

背番号11を付けた1年生の荒木大輔が大活躍し、早稲田実業が準優勝した1980（昭和55）年夏の選手権大会閉幕から1カ月も経たない9月13日、後に〃平成の怪物〃との異名を取ることになる松坂大輔が誕生した。大輔の名前が荒木にちなんで命名されたことはあまりにも有名な話。松坂は、荒木が甲子園の決勝で敗れた相手の横浜に入学した。

１９９８（平成10）年、エース松坂を擁する横浜は、春の第70回記念選抜大会と夏の第80回記念選手権大会で連覇を達成する。春の決勝、大阪・関大一との試合は４月８日の12時30分に始まり、松坂が４安打完封、３対０のスコアで14時20分に終了した。横浜の選手たちは表彰式が終わるとすぐに新大阪に向かい、18時54分発の「のぞみ26号」に乗車した。９日の『神奈川新聞』には次のように書かれている。

「横浜高ナインは八日午後九時十分すぎの『のぞみ26号』で新横浜に到着した（筆者注＝ダイヤでは21時11分着）。学校関係者、ファンら約三百人が出迎え、渡辺元智《もとのり》監督が『ご声援ありがとうございました』とあいさつ、選手たちはそのまま解散、自宅に向かった」

18年前の夏初優勝の時とは大違い。新横浜到着が決勝戦終了後の夜で、パレードも高野連からの自粛要請が出た後で行われなかったため、実に静かな帰郷だった。

同年夏、横浜は８月６日の開幕を前に、１日15時41分発の「ひかり２３７号」で新横浜をたち、18時23分に新大阪に到着した。本大会では、８月20日の準々決勝・ＰＬ学園戦で延長17回９対７の激戦を制し、翌21日の準決勝、高知・明徳義塾戦では６対０とリードされたものの８回裏に４点、９回裏に３点を奪って大逆転のサヨナラ勝ちを収めた。そして、

22日の決勝・京都成章戦では、松坂が1939（昭和14）年の海草中・嶋清一以来となる決勝でのノーヒットノーランを達成、3対0で勝って春夏連覇を果たした。この3試合の勝ち上がり方は、どんな小説家や漫画家も、あまりにもドラマチックすぎて、恥ずかしくて書けないくらい、現実離れしたものだった。そんな戦いを勝ち抜いた選手たちは、翌23日、新大阪12時40分発の「ひかり236号」に乗車、15時25分に新横浜に戻った。駅では多くのファンが出迎えたが、その数は約3000人にとどまり、警察官100人による警備も行き届いていたため、大きな混乱は起きなかった。もちろん、パレードは行われず、一行は貸切バスで母校へ向かった。この時、松坂と捕手の小山良男は9月4日に開幕する第3回AAAアジア野球選手権大会の日本代表メンバーに選ばれていたが、それが日本での開催で開幕まで日にちが開いていたこともあって、横浜のチームメイトとともに母校に帰り、校内での「優勝報告会」に参加した。

2004（平成16）年夏、第86回の選手権大会で、南北海道代表の駒大苫小牧が優勝した。東北、北海道勢が初めて全国制覇を果たし、深紅の大優勝旗は、〝白河の関〟どころか、それよりはるか北の津軽海峡を越えて北海道の地にもたらされることになった。ただ、それを運んだのは飛行機だった。

本州と北海道を鉄路で結ぶ青函トンネルは１９８８（昭和63）年３月13日に開業し、寝台特急「日本海」の北行１号と南行４号の運転区間が大阪－青森間から大阪－函館間に延長された。これを利用し、函館で特急「北斗」に乗り継げば、大阪から苫小牧や札幌までたった１回の乗り換えで移動できるようになった。また、東京と上野で乗り換える必要はあったものの、東海道新幹線と寝台特急「北斗星」を使うという移動手段もできた。とはいえ、どちらを選んでも夜行列車で一晩を過ごさなければならない。一方、大阪・伊丹－札幌・新千歳間は飛行機でひとっ飛び。まして、新千歳空港から苫小牧までは車で小一時間もあれば着いてしまう。駒大苫小牧が甲子園に向かう時と同様、大優勝旗を手に地元に帰還する時も飛行機を使うのは当然のことだった。

振り返って見ると、青函トンネル開業から４カ月あまり経った同年７月には新千歳空港が開港、北海道の空の玄関口は利便性を向上させていた。これは新千歳に限ったことではない。それと前後して日本各地の空港が滑走路の延長やターミナルビルの新増設などを進めていった。日本最大の東京国際空港（羽田空港）も、１９８４（昭和59）年以降、規模を拡張する工事を始め、１９８８（昭和63）年に大黒柱の現Ａ滑走路が完成、１９９３（平成５）年９月に新しい国内線ターミナル（現・第１旅客ターミナルビル）がオープンし、今もなお拡大と更新を続けている。また、1994（平成6）年には関西国際空港、2006（平成18）年には神戸空港が開港し、大阪（甲子園）周辺には伊丹の大阪国際空港とあわせ3つの空港が併存する形となった。このような流れの中で、各航空会社では路線網の充実を図り、2000（平成12）年2月に国内航空運賃が自由化されると、さまざまな割引運賃を設定して利用客を呼び込んだ。鉄道でも新幹線路線網を拡大して対抗するが、長距離移動は飛行機優勢の時代に突入した。

これと夏の高校野球全国大会の結果を重ねてみた。先に書いた駒大苫小牧による北海道勢の初優勝は2004（平成16）年。その前年の2003（平成15）年の第85回大会では、2年生エースのダルビッシュ有を擁する宮城・東北が準優勝している。そして2005（平成17）年の第87回大会は田中将大の活躍などで駒大苫小牧が連覇。同校は2006（平成18）年の第88回大会も決勝に進出、早稲田実業・斎藤佑樹の力投の前に3連覇を阻まれたものの、準優勝という立派な成績を残した。改めて言うまでもないが、延長15回引き分け再試合にもつれこんだこの決勝は球史に残る名勝負だった。さらに2009（平成21）年第91回大会は新潟の日本文理が準優勝する。中京大中京との決勝では、9回裏、10対4とリードされていた日本文理が2アウトから5点を挙げ、1点差まで追い上げる猛反撃を見せ、これも末永く語り継がれる熱戦となった。その後、２０１１（平成23）年第93回と２０１２（平成24）年第94回大会は2年続けて青森の光星学院、２０１５（平成27）年の第97回大会では仙台育英、翌２０１６（平成28）年の第98回大会は北海、２０１８（平成30）年の第１００回大会では秋田・金足農業がそれぞれ準優勝している。２００３（平成15）年から２０１８（平成30）年までの16大会のうち、実に10大会で新潟、宮城以北の高校が優勝、または準優勝という実績を残した。

一方、選抜大会では、ご存知のとおりいまだに新潟、宮城以北の学校の優勝はない。それでも、２００１（平成13）年の第73回大会で仙台育英が初めて決勝進出を果たしたのを皮切りに、２００９（平成21）年の第81回大会では菊池雄星がいた岩手・花巻東、２０１２（平成24）年第84回大会は光星学院、２０１５（平成27）年の第87回大会では北海道・東海大四（現・東海大札幌）がそれぞれ決勝に駒を進め、紫紺の大優勝旗獲得とはならなかったものの準優勝と健闘してきた。こうした足跡を見ると、高校野球の勢力地図は明らかに塗り替えられたと言っていい。

北国の学校が快進撃を続けてきたのにはさまざまな理由があるだろう。ただ、これらのチームが空路で大阪入りしていることを考えると、飛行機が遠方から出場する選手たちの移動を楽なものにした、というのも理由の1つに挙げていいのではないか？　飛行機で甲子園へ。そういう時代が到来してから、全国大会で北国のチームがコンスタントに好成績を残すようになった。それらの中には、全国から優秀な選手を集め、戦力を強化したチームも多い。もし、北海道や東北から関西に向かう際に鉄道での長旅を強いられる時代が続いていたら、各地の優秀な中学生選手たちは北国の学校に進んで甲子園を目指すという道を選んだだろうか？

甲子園に遠征する際に利用される交通機関が鉄道の在来線や船から新幹線や飛行機にシフトされる中、観客の輸送に関しては阪神電車が獅子奮迅の活躍を続けてきた。『運輸と経済・2019年1月号』（交通経済研究所刊）に、当時の阪神電鉄運輸部運輸課ダイヤ担当の響尾比呂喜が寄稿した「甲子園駅と野球観客輸送の歴史」という記事が載っている。これは主にプロ野球開催時の輸送態勢を記したものだが、高校野球開催時との共通点も多いので、第5章で詳しく紹介する。ここでは、2015（平成27）年夏の第97回選手権大会で阪神電車に起きた出来事について触れておく。

この大会に西東京代表として出場した早稲田実業には清宮幸太郎がいた。1年生ながらチームの主軸を務め、予選が始まった時から注目されていた選手だ。甲子園には「清宮フィーバー」が巻き起こった。響尾の記事には次のように書かれている。

「折しも早稲田実業高校（筆者注＝正しくは早稲田実業学校。以下同じ）の試合は全て第1試合に組み込まれてしまったため、出場日には連日清宮選手見たさに早朝から旅客が殺到する事態となった。梅田駅のシャッターを4時30分に開けると、外には多数の旅客が列をなしており、なだれ込むように改札内が埋まっていった。当社の普通車は4両編成で、優等列車は臨時列車も含め6時から運転するため、早朝に殺到する旅客に十分に対応することができず、梅田駅発5時0分の始発列車は朝ラッシュ以上の超満員となった。早朝の列車本数が少ない中、輸送力が不足し、甲子園駅到着時には大幅に列車遅延を招く事態となり、お客様には多大なご迷惑をおかけすることとなった」

それまで阪神では、高校野球期間中の土休日に限り、朝6時台に梅田発甲子園行の臨時急行を2本、運転していたという。しかし、清宮目当ての観客は当日発売の入場券や望みの座席を確保するため、それより前から先を争うようにして甲子園へ向かおうとした。

「急遽、早稲田実業高校出場日に、梅田駅発5時34分から臨時急行を4本追加し、既に設定されていた2本と合わせて計6本を運用したのだが、始発列車の混雑は変わらず、状況を十分に改善するまでには至らなかった」

これがフツウの鉄道会社なら、「こんな状況は一過性のもの」と片付けてしまったかもしれない。しかし、阪神は〝タダ者〟ではなかった。

「そこで翌年は、臨時急行の運用の見直しを行い、本数は6本のままで、発車時刻を梅田駅発4時58分とし、通常の梅田駅発5時0分の始発列車より早い時刻に臨時列車を運転するという異例の対応をとることとした」

翌2016（平成28）年夏の第98回大会に清宮の早実は出場できず、甲子園に「フィーバー」は持ち込まれなかったが、阪神は社史を書き換えなければならないような対応を取ったのだ。そうさせたのは清宮という1人の高校生だった。同大会の輸送を無事に終えて、阪神の関係者一同は安堵したという。

この経験は、さらにその2年後、2018（平成30）年に夏の大会が節目となる第100回の記念開催を迎えた時に生かされた。同大会の期間中は、7日間にわたって早朝の臨時列車が運転されたという。そして、先の記事にはこんな記述もあった。

「最近では甲子園球場前に試合前日から徹夜で入場を待つ観客が改札口近くまであふれることもあり、ときに早朝の5時台に球場の満員通知が出るなど、球場周辺の混雑が深夜から始まることも散見される」

球場前で夜を徹して開門を待とうという観客が、終発間際の電車に大勢乗り込んできた。響尾はこれを見てこう記した。

「現在のところ夜間の臨時列車運用の必要性については論じられていないが、引き続き観客の動向に注視し、その輸送体系について今後も研究を進めていきたい」

ひょっとしたら、徹夜組を甲子園へ送り届けるための臨時列車を運転する可能性があることを示した記述。阪神電車、恐るべしだ。

しかし、２０２０（令和２）年に発生した新型コロナウイルスの世界的大流行は、それ以前までの歴史の流れを完全に停止させ、あらゆることがリセットされてしまった。新型コロナ以降についての話も第５章に譲るが、阪神電車の甲子園往路輸送態勢については、その流行期間を経て一変し、夜間に甲子園行臨時列車が運転される可能性はほぼなくなった。

ここまで１００年を越える高校野球と鉄道の関係史についてひもといてきた。大正初期、全国中等学校優勝野球大会の創設が、電鉄会社の創立や鉄道網の整備に伴うものだったことは間違いない。電鉄会社は開催会場を提供し、鉄道は開催地の大阪へ全国の代表校を送り届けたからだ。その後、大会の隆盛には電鉄会社が貢献、ついには恒久的な開催会場となる野球場を建設するまでに至り、その名前は高校野球の代名詞ともなった。鉄道（と船）は日本各地をはじめ、戦前には日本の統治下にあった朝鮮、満洲、台湾からも選手や応援団らを開催地へと運んだ。全国大会で輝かしい成績を収めた選手たちは鉄道で地元に凱旋、到着駅では多くの人びとから熱狂的な歓迎を受け、駅前から母校まで盛大なパレードが繰り広げられた。鉄道は複線化、電化などで施設の改善を続け、利用者の利便性は向上。これに新幹線網の拡充が加わり、関西から遠い地方の代表校もその昔に比べて断然早く、快適に関西に遠征できるようになった。この間も、電鉄会社は〝自前の球場〟に多くの観客を運び、大会の発展を後押ししてきた。春夏の高校野球と甲子園球場、それに阪神電鉄は〝三位一体〟の存在として、今後もその関係を維持し続けていくだろう。

航空路線や高速道路の拡充により、飛行機やバスで甲子園に遠征する代表校は急増した。とはいえ、鉄道も負けてはいない。新幹線が〝主軸〟となって、選手はもちろん、応援団や関係者らの移動を支え続けている。２０２２（令和４）年夏の仙台育英は、そんな時代の中で東北勢初の全国制覇を果たし、深紅の大優勝旗を地元に持ち帰った。東北新幹線による同校の〝白河の関越え〟は、高校野球と鉄道が固い絆で結ばれていることを象徴するものだった。

私の〝高校野球と鉄道〟〜その2〜

高校野球と鉄道との〝絡み〟で一番の思い出と言えば、1979（昭和54）年夏の第61回選手権大会3回戦、箕島対星稜延長18回の熱闘にまつわる話を挙げたい。

その日（8月16日）、私は国鉄有楽町駅でアルバイトをしていた。と言っても、鉄道の仕事ではない。同駅構内にあった「ニッポン放送ショウアップナイター」の掲示板にプロ野球の途中経過を書き込んでいくというものだった。ラジオを聴きながら、メインのスペースに当日の放送カード、その下に他球場の試合のスコアを記入していく。他球場の経過は無線で連絡を受けた。さらにそこには、アルバイトが自由に書き込めるスペースもあった。特筆すべき記録が達成された時や何か〝事件〟が起きた時に書き添えられるようになっていた。

それを任されたのはこの日が初めて。大学の先輩から、前もってピンチヒッターを頼まれていた。仕事をおろそかにすることはできないが、私にとっては高校野球も気になる。そんなタイミングで行われていたのが、第4試合、箕島対星稜の試合だった。試合開始は16時50分。プロ野球中継のCMの間にラジオのダイヤルをNHKに合わせて経過をチェックし、フリースペースにスコアを記入していった。

プロ野球の試合が始まっても、甲子園の試合が続いている。だんだんと高校野球中継を聴く時間が長くなり、プロ野球は時々ダイヤルを合わせる程度に。他球場のスコアは要領よく書き込みを済ませた。

12回表、星稜が1点を勝ち越すが、その裏、箕島は2死から嶋田宗彦の本塁打で追いつき延長戦が続く。これをスコアに書いたあたりから、掲示板の前を通る人たちが〝反応〟し始めた。「えっ、こんな試合やってるの?」「どういう経過でそうなったの?」と聞いてくる人が現れた。それに答えたり、プロ野球の試合経過を記入したり、高校野球中継に聞き入ったり、たちまち大忙しになった。

NHKラジオの高校野球中継は、午後7時少し前から天気予報とニュースなどで一時中断する。この間が何とももどかしかった。

あの場面は、それが再開された直後に実況で聴いた。16回裏、延長に入って2度目のリードを許した箕島の攻撃は2アウトランナーなし。ここで森川康弘がフライを打ち上げた。そのフレーズは覚えていないが、一塁側への平凡なファウルフライとわかる実況だった。「これで終わったな」と思った瞬間、「取れない!ファウル!」というような声が聞こえた。森川の打撃が続く。それでも、星稜勝利まであと一歩……。その直後、信じられないようなことが起きた。森川はこれぞまさに起死回生の同点ホームランを放った。この回、私は2度、思わず「えーっ」と声を上げてしまった。

試合の決着は17回以降に持ち越された。有楽町駅構内のスコアボードの前では、その経過を見て一瞬立ち止まる人が増えた。「これ、ホント?」「はい、本当です。こうしてこうして、こうなりました」「へぇ〜」。そういう人たちと私との間で、何度かそんなやり取りが行われた。それは、18回裏、箕島が4対3でサヨナラ勝ちを収めたところまでスコアを記した後も続いた。決着を付けたのは上野敬三のヒット。箕島・石井毅、星稜・堅田外司昭《としあき》はともに18回を完投した。19時56分試合終了。18時30分から始まったプロ野球の試合は軒並み中盤にさしかかっていた。箕島はその後も勝ち進み、春夏連覇を果たした。

掲示板があったのは、今のJR有楽町駅中央西口改札を入ってすぐの左手、1、2番ホームに上がる階段の下だった。同駅構内はかなり様変わりして、当時の面影はないが、今もそこを通ると、時々あの日のことを思い出している。

第5章

まさに神ワザ 阪神電鉄の甲子園輸送

神ワザの秘訣は１００年を超える経験と実績

阪神電鉄の甲子園球場観客輸送に関しては、これまでさまざまな雑誌、新聞にそれを伝える記事が掲載されてきた。阪神電鉄の社員によって記されたものが多く、真に迫る記述がいくつもある。

『ＳＵＢＷＡＹ・日本地下鉄協会報第20号』（１９８３年３月刊）には、当時の阪神電鉄運輸部運転課長・三浦一夫が「甲子園の観客輸送」と題する記事を寄稿している。そこには次のような記述があった。

「阪神電車の最大の看板行事である高校野球とプロ野球の観客輸送は、３月末からのセンバツによって幕が切って落とされる」

「開幕までの一か月間、恒例の行事とはいえ、運転保安施設の点検や甲子園輸送特別ダイヤの作成、甲子園駅への応援要員の配置表作り、あるいは記念乗車券の製作など、その準備に全力が傾けられる」

基本的には、今から40年も前の雑誌記事に書かれていたのと同じ作業が、いまだに繰り返されているといっていい。記事にはこうも書かれていた。

「センバツは、今年で第55回を迎える（筆者注＝２０２４年には第96回大会が行われる）

が、第2回大会から観客を運び続け、〝待たずに乗れる阪神電車〟のキャッチフレーズともなった伝統ある輸送方法は、『甲子園輸送を傷付けてはならない』という合言葉とともに、運輸部全員が一致協力してこれに当たる」

甲子園輸送が阪神電鉄の〝神髄〟であることを改めて思い知らされる一文だ。歴代の甲子園駅長はもちろん、阪神電鉄の社員は誇りを持って甲子園の観客輸送に取り組んできた。それは阪神の〝旗じるし〟と言ってもいいだろう。そんな電鉄会社は日本中どころか世界中を探しても他に見当たらない。

甲子園観客輸送のダイヤについては、第4章でも引用した『運輸と経済・2019年1月号』の「甲子園駅と野球観客輸送の歴史」という記事で紹介されている。これはプロ野球開催時のダイヤを記したものだが、古くからの高校野球観客輸送が下地になっていて、今の高校野球開催時にも引き継がれていることが多いので引用する。

「阪神甲子園球場で開催されるプロ野球の入場者数は、1試合平均4万2千人程度で、そのうち約70％が鉄道利用であるため、毎試合約3万人の観客を輸送していることとなる。方向別利用者は大阪方面が7割、神戸方面が3割となっている。当社の1時間当たりの輸送力は6両編成12本、4両編成6本で約1万3千人のため、不足分を臨時列車で補っている」

「臨時列車の運行ダイヤは、あらかじめ通常ダイヤの中に、いわゆる〝スジ〟として組み込まれている。時間帯にもよるが、毎ヘッド1本、臨時列車のスジが組み込まれており、旅客の動向によって運用するスジを決定している」

2023(令和5)年12月の甲子園駅大阪方面行発車時刻表を見ると、平日の午前11時台から午後4時台の間は、毎時02、32分になんば線経由近鉄奈良行の快速急行、05、15、25、35、45、55分に大阪梅田行普通、09、19、29、39、49、59分に同直通特急、12、22、42、52分に同急行が運転されていることがわかる。近鉄奈良行快速急行と大阪梅田行急行を合わせれば、10分ヘッドのダイヤが組まれていて、3〜4分間隔で電車が発車しているわけだ。一見しただけでは、この中のどこに臨時急行を運転する隙間があるのかわからない。だが、先の記事を参考にすれば、快速急行と急行の直後、毎時04、14、24、34、44、54分にそれを発車させるための〝スジ〟が引かれていると思われる。発車時刻は秒単位のところを分単位に書き直したものと思われるが、10分に4本、平均すれば2分半に1本の割合で電車を走らせる態勢が整えられているのだ。その過密度はラッシュ時のJR山手線を上回る。途中停車駅での乗降や終着の大阪梅田での降車と車両の折り返しを考えたら、これは〝神ワザ〟と言える。〝待たずに乗れる阪神電車〟というキャッチフレーズは決してハッタリではない。

それでは、復路の臨時急行はどのように運転されるのか？　これについても、響尾の記事に詳述されていた。

「復路は（中略）、甲子園駅の駅長等が旅客の動向を確認し、タイミングを見計らって、運転司令室に臨時列車の運用の指示を出す。臨時列車は来場者予測数により準備する本数が異なり、基本的に3本から5本の運転を想定用意するが（筆者注＝1試合だけで終わるプロ野球開催時の態勢）、甲子園駅で待機できる本数は多くても2本である。複数の列車を留置する場所がないため、最寄り駅の西宮駅に1本、青木駅に1本、御影駅に1本といった具合に、待機できる場所に列車を事前配置している」

大正時代に甲子園球場が出来た時、今は幅広の道路が通る甲子園駅のガード下に留置線を設け、そこに電車を待機させて復路輸送の際に本線へ送り込んだ。その態勢が形を変えて踏襲されている。

「駅長等は様々な試合展開の可能性を考えながら、最寄り駅から列車が甲子園駅まで移動する時間と観客の動向を考慮し、最適なタイミングで臨時列車を運用させるのである。

また、臨時列車運用の連絡を受けた運転指令係は、すぐさま臨時列車のスジを運行システムに設定し、各駅に待機している列車内の乗務員に対し、運用の指示をするのだが、その間は数分にも満たない。いつも時間との闘いである」

しつこいようだが、この記事はあくまでプロ野球開催日の様子を記したもの。春夏の高校野球開催中は、決勝当日などを除き、こうした動きが1日に何度も繰り返されているわけだ。阪神の甲子園輸送は〝神ワザ〟であるという印象が一層強まってくる。

それにしても、時には4～5万人に達する大観衆の大半を甲子園駅ひと駅だけで事故なくスムーズにさばくには、電車の増発だけではない秘訣があるはず。響尾の記事はそれを明らかにしていた。甲子園駅は2017（平成29）年に大規模改良工事が完了、今の駅が出来上がった。これはその前の話。

「ホームは2面4線、ホーム幅は最大5・6m、改札口とホームを結ぶ通路は狭いところで2・6mしかなかった」

「これは昔、私が甲子園駅に勤務していた際に当時の上司より聞いた話で、安全を守る答えは2・6mしかない狭い通路にあるとのことであった。ホーム幅は5・6mしかないのだが、その狭さ故に、ホーム上の旅客数＝1列車の輸送量となり、ホームが満員時に臨時列車が到着すると列車がちょうど満員になった。そしてホームが空くと、改札口からホームに旅客が向かうのだが、その通路が狭いために旅客の流れが物理的に抑制され、ホームが満員になるころにちょうど次の列車がやってくるので安全なのだという」

「通常であれば改札制限を行うなどして旅客の流動を制御するところ、改札制限はほぼ行わずに輸送ができていた。また、改札内の通路が狭いため、旅客は改札の外にあふれることになるが、それは織り込み済みであり、改札外には広い待ちスペースを確保していた。長い行列がゆっくりと確実に前へ進んでいくため、見た目よりもかなり早く列が進んでいたのを覚えている」

前に書いたように、かつて甲子園球場では、球場の外周を時計回りの一方通行にして帰りの観客を駅へ誘導し、一塁側と三塁側から同時に殺到させない工夫を施したことがあった。観客の流れを制御することがいかに重要かがわかる。西武鉄道の西武球場前駅前にも広いスペースがあり、ベルーナドーム（2023年現在の名称。オープン時は西武ライオンズ球場）も、帰りの観客を駅へ送り込む際の流れをコントロールするような構造になっている。響尾は自社の甲子園輸送がスムーズに行われていることに関して、「このような理由があったとは（上司から話を聞いた）当時、目から鱗であった」と書いている。まさにおっしゃるとおり。あの狭い駅で安全を確保しながらどのように大勢の乗客を運んでいたのか、不思議でもあったが、これで納得できた。

記事によれば、２０１７（平成29）年に完了した駅改良工事によって、ホームの最大幅は５・６ｍから９・２ｍに拡がった。観戦を終えた乗客が大勢詰めかける大阪方面行ホームは、かつてあった降車専用ホームを廃止し、その跡に線路を移設してホーム拡幅のスペースを確保した。これらの改良により、ホーム幅は旧駅の約2倍に拡張されたが、ホーム下の通路の幅は2倍にまでは広げなかったという。単純計算すると、ホーム幅が2倍に拡がれば2倍の乗客がホームに滞留することになる。ところが、電車１本あたりの輸送能力を2倍にするわけにはいかない。そうなれば、ホームに上がれる人の数を制御する必要がある。通路は狭いままにされた。阪神電車の甲子園輸送と甲子園駅改良には、同社ならではのさまざまな創意工夫、深謀遠慮が込められている。鳴尾で中等学校野球大会が行われていた時代から数えれば１００年を超える経験の積み重ねがなせる〝神ワザ〟だ。

さて今度は、実際の駅長の動きを紹介した記事を見てみよう。２０１６（平成28）年８月19日の『朝日新聞』に掲載された記事で、見出しは「阪神電車　ファン乗せ１００年大量輸送のノウハウ積み重ね」というもの。同年夏の第98回選手権大会10日目の甲子園駅の様子をレポートしている。

「16日、阪神甲子園駅の会議室。駅員や警備員ら約20人が見つめるテレビは、この日の第4試合、常総学院－履正社戦を映していた。九回、履正社が追い上げる。藤森義一駅長（48）が言った。『延長やと臨時電車のダイヤが狂うな』」

「時計の針は午後6時48分を指していた。この試合の帰り客のため、駅の引き込み線などに3本の梅田行き臨時特急（筆者注＝正確には臨時急行。以下同じ）が待機。最も早くて午後6時53分発の臨時特急が用意できる」

「だが、藤森駅長は周囲に伝えた。『53（分）はやめよう。なんぼ足が速くても駅には着けんやろ。次の04（分）のスジで行こう』」

「試合終了は同50分。藤森駅長はホームに出て球場方向を見た。駅に向かう人の波ができていた。券売機は長い列。『プロ野球ならここまでにはならない。高校野球は真っ先に甲子園の入場券を買いたい人が多く、行くときに帰りの切符を買う人は少ないんです』」

「臨時特急は午後7時4分、13分、24分の発車と決めた。最初の発車まであとわずか。駅が混雑し始めたその時、引き込み線から電車が着き、どっと人がなだれ込んだ。混雑時間帯に使う5番ホームに止まる電車は7時39分発が最後。無事に発車したのを見届け、この日の駅長業務は終了だ。『なりたくてなった甲子園駅長、やりがい、ありますわ』」

甲子園駅5番線ホームは、神戸方面行き電車の降車専用。高校野球観戦客はこのホームで下車し球場に向かう。また、これがあるおかげで、甲子園駅の降車客が観戦帰りの人たちの〝渦〟に巻き込まれることはなく、学校や職場から帰る人たちが増える夕方のラッシュ時の乗降がスムーズに行える。

次はちょっと古い記事だが、『運転協会誌・2010年8月号』（財団法人日本鉄道運転協会刊）に載った阪神電鉄都市交通事業本部運輸部甲子園駅管区駅長・橋村豊の「プロ野球開催時の甲子園輸送」という記事から。これも、高校野球開催時に通じる部分があるので引用する。

「往路輸送が終了すると〝手配師〟と呼ばれる本社の係員と甲子園駅長の二人で球場に向かい、目視で場内人員の推定を行います。催物開催時には本社、他管区の現場監督者を〝差し出し〟と称してホームの増員に来てもらっていますが、手配師とは、そのリーダー役です」

まずは現場を見るのが一番ということだろう。阪神ならではの業界用語が書かれているのも興味深い。入場人員の確認を終えると〝手配師〟は駅に戻り、テレビで試合の成り行きを見守る。試合が終わるといよいよ〝戦闘開始〟だ。

「球場からお客さまが一斉に駅へ向かってきます。1本目の臨時列車をどのスジに乗せるか、ダイヤと時計をにらめっこです。第1波のお客さまがホームに滞留しだした頃に1本目の臨時列車が運用されれば一番理想的な形となります」

「球場から5分でお客さまはホームへ上がって来られるため、球場から駅へのお客さまの流動を、常に5番ホーム上から注視しておかなければなりません」

「ホームの応援要員であるマイク放送担当者は、先発案内放送をはじめ、列車入線に伴う注意喚起の放送および到着監視を担当します。車掌への閉扉合図の責任者である〝旗持ち〟や、また手振りでお客さまの誘導整理をする者が数名おり、ホームへのお客さまの吸い上げに全力を傾けています。ホームの両サイドに階段があるため、階段付近にお客さまが立ち止まることがないよう声を嗄らしながら階段の前後に誘導を続けます。ほぼ1時間近く声を張り上げています」

「東改札口に行く場合に横断歩道を渡らなければならない構造のため、ホームから改札口までの通路が混雑して少しずつしか進まない情況になったとき、改札口に入りきれず横断歩道上で取り残されることを考慮して、横断歩道の信号が『青』に変わっても横断させないよう、（係員が）お客さまを制止していることがあります」

「連続で2回、3回と横断させないことがあり、時には信号待ちのお客さまからの罵声を浴びながらご辛抱いただいていることもあります」

通路の狭さは駅構内の事故防止には有効だが、駅の外で観客を誘導する係員にはこんな苦労もあるようだ。

この記事は、甲子園駅だけでなく大阪・梅田駅の状況にも触れている。

「梅田駅では全てのお客さまが降車され改札外へ出場されることとなります。臨時列車到着後、そのお客さまが改札口付近に残留しているときに後続の特急・急行が入場し、乗車されるお客さまとで大変混雑となります。梅田駅では、この降車旅客の対応の他、お客様から、乗るべき列車に乗車できなかったとのご意見や、列車の遅れに関するご指摘をいただくこともあり、甲子園駅とは違った苦労もあるようです」

甲子園の観客輸送は、阪神電鉄全社が一丸となって取り組まなければならない重要な業務なのだ。

こうして経験と実績を積み重ねてきた阪神電鉄の甲子園輸送は、2020（令和2）年に発生した新型コロナウイルスの世界的大流行によって中断を余儀なくされる。同年春と夏の高校野球全国大会が中止され、開幕を遅らせて始まったプロ野球も無観客開催となったため、観客を輸送する必要がなくなってしまったからだ。翌2021（令和3）年春、第93回選抜大会から甲子園の高校野球が再開された。次項では、それ以降、阪神の高校野球輸送はどう変化したのかを見ていくことにする。

2023年コロナ禍明けの甲子園観戦ルポ

2021（令和3）年3月19日、第93回選抜高等学校野球大会が開幕した。前年春と夏の全国大会は新型コロナの大流行により中止。この年を最後に高校を卒業する3年生野球部員の多くが、大会中止の報に接して目標を失い、涙に暮れた。夏には、優勝しても甲子園には行けない特別な地方大会が各地で行われ、甲子園では選抜大会への出場が決まっていた32校を招待して各校1戦限りの交流試合が開催された。地方の独自大会も甲子園の交流試合もすべて無観客。当然ながら阪神伝統の甲子園輸送は一切行われなかった。

第93回の選抜大会は、新型コロナの流行が収まらない中、さまざまな感染拡大防止対策を施した上で開催された。その中で、阪神の輸送態勢に最も大きな影響を及ぼしたのが、観客の上限を1万人としたことと、観客席をすべて指定席とし、入場券を前売り発売だけにしたことだ。4～5万人の観客が詰めかけても、ほとんどビクともしない輸送態勢を整えてきた阪神にとって、最大1万人というのは物足りなさを感じるくらいの規模。臨時急行を頻発させなくても十分に対応できた。また、全席指定の前売り制が導入されたことで、往きの梅田発甲子園行臨時列車の運転が行われなくなった。新型コロナ前の高校野球大会では、原則として第1試合開始予定時刻の1時間前に開門。それと同時に当日入場券の発売が始められていた。そこで、あらかじめ自由席券を購入していた観客は望みの座席を確保するため、入場券を持たない観客は当日券の発売開始に間に合わせるため、それぞれ朝早くからほぼ同じようなタイミングで阪神電車に乗り込んでいた。「清宮フィーバー」や夏の第100回記念大会の開催は、その傾向に拍車をかけた。往きの臨時列車の運転は、混雑緩和に欠かせない対策になっていたのだ。しかし、2021（令和3）年春のセンバツでは、入場券売場や入場門の前で行列を作る必要がなくなった。それに伴い、往きの甲子園行き臨時列車は姿を消した。

ただし、プロ野球の開催時には試合開始の1時間ほど前に観戦客の利用が集中するため、梅田発甲子園行の臨時特急を運転しているそうだ。その際、甲子園駅で見られるのが〝中通し〟。甲子園止まりの臨時特急は降車専用5番ホームと4番ホームの間を通る側線に入線、乗客を降ろすと、両側のドアを開けたまま待機する。そこへ後続の特急が3番ホーム側の本線に入線。甲子園で下車する観客は、側線にとまっている電車の中を通り抜け、球場側の出口へと向かう。これが阪神名物の〝中通し〟。かつては高校野球の大会期間中にも見られたが、今はプロ野球開催時限定の光景となった。ただし、尼崎駅では阪神本線となんば線の乗り換えのために毎日行われている。そのルーツは甲子園にあった。

春の選抜に続き、夏の大会も再開された。２０２１（令和３）年8月10日、第１０３回全国高等学校野球選手権大会が2年ぶりに開幕する。しかし、新型コロナの流行は収まる気配を見せず、甲子園球場のスタンドで観戦できるのは出場チームの控え選手や生徒、父母などに限られ、一般客は入場できなかった。春よりも観客数は少なくなり、大会期間中の阪神電車は通常ダイヤで運転された。

２０２２（令和４）年春の第94回選抜大会では再び観客の入場が認められ、同年夏の第１０４回選手権大会では、ようやく観客数の上限が撤廃された。この夏の総入場者数は56万６５００人。１試合平均は４万４６４人を記録した。もちろん、それに伴い、阪神電車もコロナ前までの観客輸送態勢を復活させた。入場券の発売は前売りに限定されるはずだったが、開幕間際になって状況次第で当日券も発売することが決まった。それでも、かってのような早朝の乗客集中は発生せず、梅田発甲子園行臨時列車は運転されなかった。この大会で仙台育英が東北勢初の全国制覇を達成、8月22日の決勝には3万1200人の観客が詰めかけ、その歴史的瞬間を見届けた。2020（令和2）年春に新型コロナの流行が始まってから約2年半。さまざまな紆余曲折を経て、高校野球とその全国大会開催に伴う阪神電車の輸送態勢は、旧来に近い姿を取り戻すことができた。

実は私も、新型コロナの大流行前は、毎年の恒例としていた夏の高校野球観戦のため、朝5時台に梅田を出る電車に乗って、開門前の入場ゲートに並んでいた。一塁側内野自由席にお気に入りの席があり、それを確保するために早出していたのだ。当時の阪神電車の混雑は梅田を発車する時点ではさほどでもなかったが、尼崎でなんば線からの観戦客が乗り込んで来るとたちまち〝ぎゅうぎゅう詰め〟の状態になった。そこから甲子園到着まではわずか数分。とはいえ、朝の眠たい身体にその混雑はキツく感じた。そこで、中央特別指定席の前売り券を確保して、第1試合の開始に間に合う程度の時間に梅田を出るようにもなっていた。

新型コロナで甲子園の入場が制限されると、私の恒例行事もいったん中断。2022（令和4）年夏から、それを復活させた。そして2023（令和5）年夏、本書の執筆に合わせて第105回選手権大会を観戦するとともに、甲子園駅の様子を観察してきた。まずは8月9日（水）、大会4日目の4試合（佐賀・鳥栖工業3－2富山商業＝延長12回タイブレーク、日大三3－0兵庫・社、市和歌山5－4東京学館新潟、鹿児島・神村学園10－2立命館宇治）を朝からフル観戦。翌10日（木）の5日目（3試合日）は第1、第2試合（浜松興譲館5－2東海大熊本星翔、北海9－8大分・明豊＝延長10回タイブレーク）を観た後、駅構内を見学した。

甲子園駅（筆者撮影）

甲子園球場では、14時19分から当日最後の長崎・創成館対星稜の試合が始まっている。私が甲子園駅構内に入ったのは15時半頃だった。第2試合の終了からは時間が経っていて、ホームには球場帰りの乗客がちらほら見受けられる程度。昼下がりのノンビリした空気が流れていた。高校野球観戦帰りの人たちは、試合の余韻に浸ったり、名残を惜しんだりしながら、わりとゆっくりと帰路に就いていく。別々の場所にいた人たち、例えばアルプススタンドで応援していた人たちと内野席で観戦していた人たちが球場の外で待ち合わせて帰っていく、なんていう姿もよく見受けられる。もちろん、足早に駅に向かう人たちもいるが、その数は多くないようだ。甲子園の観客輸送を伝える記事によると、甲子園駅長は、そういう観客の特性も考慮に入れながら、帰りの態勢を整えているという。

甲子園の試合は、序盤に大量得点を奪った創成館が5回を終わって6対0とリード。ちょっと一方的な展開になってしまった。そのためか、少しずつ、言い換えればダラダラと観客が球場から出てきた。それにつれて、ホームで電車を待つ人の数も増えていく。その様子を、降車専用5番ホームの東改札口に降りる階段脇から眺めた。球場から西改札口に向かう人の流れや、東改札口前にある横断歩道の通行状況が一目でわかる場所。もちろん、ホームの混雑具合も観察できる。このあたりで駅長が状況を目視して、臨時列車の運転指令などを行うのだろう。その時は、何の変哲もないホームが〝司令塔〟になるわけだ。

創成館対星稜戦は6対3で創成館が勝った。観客数は1万1千人。地元校の出場試合ではなく、序盤で大差がついてしまい、終了を待たずに球場を後にした人は多かった。最後まで観戦していた人の数は、多く見積もっても5～6千人ほどだったのではないか？　試

甲子園駅から望む甲子園球場（筆者撮影）

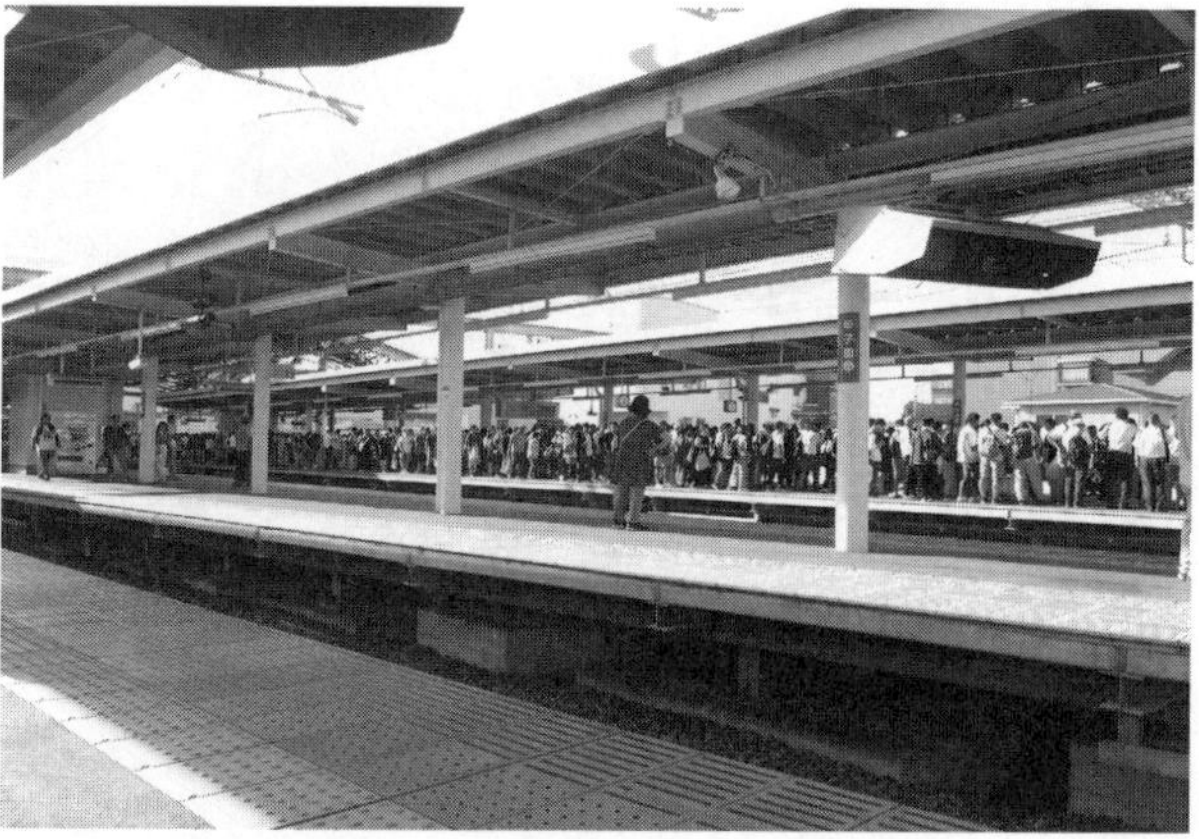

甲子園駅降車専用5番ホーム（筆者撮影）

合終了は16時35分で、もうすぐ夕方のラッシュ対応ダイヤが始まる時間だった。17時00分から30分までの間の大阪方面行きで言えば、16時台より1本多く甲子園駅を電車が発車することになっている。この日の〃帰路輸送〃は通常ダイヤでも十分対応可能で、臨時電車を走らせる必要は生じなかった。〃待たずに乗れる阪神電車〃は次々にやってきて、ホーム上の観客を飲み込み、次々に発車、甲子園観戦客の〃帰宅ラッシュ〃はアッという間に終了してしまった。

その前日、私が第1試合からフル観戦した時の第4試合終了後も、帰路の臨時電車は運転されなかった。これも大差が付いたゲームで、観客数も1万3千人にとどまった。試合が終わった19時23分前後は夕方ラッシュ時対応ダイヤの真っ最中。大阪方面に向かう電車は、なんば線から近鉄へ乗り入れる快速急行も含め、1時間に20本も運転されている時間帯だった。結局、2日間とも帰路の臨時電車の姿を見ることはできなかった。

阪神では、当然ながらプロ野球のナイターが開催される時の臨時ダイヤも用意している。その中には雨などで試合が〃早終了〃した場合の〃カゲスジ〃もある。それに従えば、夕方のラッシュ時間帯に甲子園球場から帰る観客をさばくための臨時電車も運転できる。過密なダイヤのどこにそんな隙間があるのかわからないが、そこは〃タダ者〃ではない阪神のこと。きっと〝秘策〟があるに違いない。「いつか高校野球の帰りに、めったに走らない臨時電車に乗車したい」。甲子園から梅田へ通常ダイヤの電車に揺られている間、そんな願望が沸いてきてしまった。

第１０５回大会終了後、改めて阪神電鉄の広報にいくつか質問してみた。期間中、満員通知を出したことがあったか？　という問いに対しては、前年の第１０４回大会で入場券の前売りが原則となったため、満員通知ではなく完売通知を出すことになった、という答えが返ってきた。最後の満員通知は、新型コロナ前の２０１９（令和元）年夏に行われた第１０１回選手権大会11日目、第1試合＝履正社対高岡商業、第2試合星稜対智弁和歌山、第3試合＝仙台育英対敦賀気比、第4試合＝関東第一対鶴岡東が組まれた8月17日（土）だったとのこと。お盆休みが終わる前で、地元勢や有力校が相次いで対戦、星稜の奥川恭伸ら注目選手が登場するとあって、客足が伸びたようだ。甲子園の高校野球に付き物だった満員通知は、それ以来出されることがなくなった。

また、第１０５回大会でも、往路の梅田発甲子園行臨時列車の運転は行われなかった。慶應義塾の快進撃で球場には多くの観客が詰めかけた。その往路なら、臨時列車を走らせてもおかしくないと思い質問してみたが、準決勝は8月21日（月）の12時、決勝は23日

（水）の14時開始で朝のラッシュなど混雑時間帯には重ならなかったため、輸送力がひっ迫することはなかったとの回答が寄せられた。

当然ながら、早朝の梅田駅や電車が観戦に向かう人たちで大混雑することもなかったという。帰りの臨時電車は日によって運転されたが、新型コロナ前に比べるとかなり平穏な18日間だったようだ。

甲子園駅の観察や大会後の阪神電鉄広報とのメールのやり取りを通じて、同社には長年の経験と実績に裏打ちされた自信と余裕があると感じた。4～5万人の観客が押し寄せてもビクともしない態勢が整えられている。

阪神電車は甲子園球場を訪れる人たちにとっての大事な足だ。今後、高校野球に新たなヒーローが現れ、甲子園の入場券が完売になる日が続いても、阪神電車は「どんと来なはれ」といわんばかりに、観客を確実に運び続けてくれるだろう。僭越ながら、阪神電車の安全な輸送態勢が維持され、高校野球の開催を末永く支え続けてくれることを願っている。

コラム5

懐かしの甲子園応援団輸送臨時列車〜その1〜

かつて、ＪＲ（国鉄）では、遠方から出場するチームの応援団を輸送するため、多数の専用臨時列車を運転していた。本文にも書いたが、その運行は戦前から始まり、１９８０〜９０年代にピークを迎えた。

その頃の国鉄の奮闘ぶりを示す記事が、『国鉄線』（交通協力会刊）という機関誌にいくつか掲載されている。例えば『１９８４（昭和59）年10月号』で（国鉄）旅客局営業課補佐の笹沼弘が記した「なせば成る！夏の都市対抗・甲子園野球応援団輸送」には、次のように書かれている。

「国鉄が都市対抗野球や甲子園の高校野球応援団の輸送に取り組みはじめたのは、今から四〜五年前からである。それ以前は全国各地の地元の民間バスが（中略）、何台ものバスを連ねて輸送するのが通例であった」

その状況を変えたのが、１９７９（昭和54）年の都市対抗野球浜松市代表・日本楽器の応援団輸送。これを国鉄が請け負うことに成功し、その後次第に、各管理局が企業や学校に対して積極的なセールスを始めたそうだ。そして、１９８４（昭和59）年夏の第66回選手権大会では、出場49校中39校の輸送を受託。大阪と線路が繋がっていなかった北海道、四国と地元関西以外のすべての地区から団体臨時列車が運転されるまでに至った。同年は、輸送人員３万３７９１人で前年比１６２％、収入３億４２５万９０００円で同１４２％という数字を叩き出したとのこと。また、専用臨時列車の運転本数は新幹線10本、在来線80本で前年の41本から倍以上に増えたという。その結果を受けて、記事はこう綴った。

「これは単に営業関係職員のセールス努力だけにとどまらず、これを輸送した新幹線・在来線の運転関係職員をはじめとする関係者の努力による成果に他ならない」

翌年、国鉄の攻勢はさらに強まり、『１９８５（昭和60）年９月号』には、甲子園応援団の輸送実績が過去最高を記録したという記事が載った。あわせて、新潟局が中越応援団１５００人の輸送を獲得、12系客車12両の専用臨時列車を運転したのに加え、昼行電車特急「雷鳥」の車両を利用して夜行団体列車を走らせた、とか、岩手代表・福岡の応援団輸送に使われた交直両用４８５系電車がふだんは走らない東海道線を走り、「マニアの熱い目がそそがれた」といったエピソードを紹介している。

こうした高校野球輸送態勢は、１９８７（昭和62）年に国鉄がＪＲに生まれ変わった後も引き継がれた。１９９１（平成３）年から１９９３（平成５）年にかけては、ＪＲ西日本が高校野球観戦客向けに臨時夜行列車「ナインドリーム甲子園号」を運行したこともある。これは、夜遅くに新大阪を出発、大阪でも乗車扱いしてそのまま停車、翌朝に再出発して午前7時前頃に甲子園口に到着するという実にユニークな列車。583系電車を寝台仕様にして運転されていた。

第6章

第1回大会の秋田中遠征を追体験する普通列車の旅

1日目　秋田～米沢

１９１５（大正４）年８月、大阪・豊中グラウンドで行われた第１回全国中等学校優勝野球大会には、国内各地から10校が出場した。このうち、最も遠くから時間をかけて遠征してきたのが秋田中だった。同校一行が奥羽線の普通７０４列車で地元をたったのは８月12日の15時02分。大阪にはその２日後、14日の早朝５時過ぎに到着した。車中２泊、38時間ほとんど列車乗り通しの長旅だった。

本書の執筆が中盤にさしかかった２０２３（令和５）年秋、ふと思い立って、それを〝追体験〟する鉄道の旅に出かけた。とはいえ、今は当時のように秋田－上野間や東京－大阪間をひと晩かけて走り通す普通列車や急行列車は運転されていない。そこで考えたのが、秋田から大阪まで、ホテルでの２泊をはさんで普通列車（快速列車を含む）だけを乗り継いで行くプランだ。

出発日は11月６日（月）。羽田７時50分発の飛行機で秋田に飛び、空港連絡バスで秋田駅へ。幸い、予定通りに飛行機が飛んでくれたおかげで、午前10時前には到着した。振り出しの列車は10時25分発の奥羽本線新庄行２４３８Ｍだ。これに乗り遅れると、次は13時45分発の２４４４Ｍになってしまう。とりあえず最初の〝関門〟はクリアした。

奥羽本線車内から見えた鳥海山（筆者撮影）

発車してしばらくすると、薄曇りの空の下に鳥海山が見えてきた。秋田中一行もこの山に見守られながら長い旅に出たはずだ。ふるさとの山はありがたきかな。

電車はひと駅ずつ丹念に停車しながら南へ。秋田を出た時には空いていた車内が、11時54分発の湯沢で座席がほぼ埋まる状態になった。同駅から東京方面に行くには、新庄で山形新幹線に乗り継ぐのが便利なのだろう。

12時11分に院内を出て、７分ほどで全国屈指の難読駅・及位《のぞき》に停車。この間に秋田と山形の県境を越えた。静かな山間の駅。紅葉はまだ先のようだ。

新庄には定刻の12時55分に着いた。秋田中一行は19時24分に到着したはず。当時の時刻表に

屈指の難読駅、奥羽本線及位駅の駅名標（筆者撮影）

よれば、横手と新庄で駅弁が販売されていた。一行は横手で買って新庄に着くまでに食べたか、それとも新庄で買って新庄で買って遅い夕食にしたのか？　ほとんどの選手にとって初めての長旅。その最初の車中食だ。ゆっくり味わう余裕はなかったかもしれない。

私はここで初めての食事。駅前の、その名も「急行食堂」で〝みそ納豆ラーメン〟を食べた。味噌に納豆が合わないわけがない。もやしとニラも入って食べ応え十分だった。店主に伺うと、先代が店を始めたのは1959（昭和34）年。新庄は奥羽本線と陸羽東線、陸羽西線が交わる鉄道の街で、当時は急行が各線を走る最優等列車だったことから、それを店名に取り入れたそうだ。食後は、新庄駅に隣接する「ゆめりあ鉄道ギャラリー」という〝ミニ鉄博〟に立ち寄った。

14時19分、山形行１４４０Ｍで新庄を出発。ラーメンのおかげでウトウトしながら、ぼんやり車窓を眺める。秋田中の選手たちがこのあたりを通っている頃は日が暮れていた。ひと晩目の夜、まわりの景色が闇の中に消えた後、彼らはどんなことを考えていただろう？

１４４０Ｍは山形に近づくにつれて混み合ってきた。学校帰りの生徒が乗りこんでくる時間帯にさしかかっている。15時32分に山形に着くと、高校生たちがホームを埋め尽くして電車を待っていた。

次の米沢行が出るまで小一時間あるので駅ビル内をウロウロした。今夜の泊まりは米沢にしている。次の16時31分発米沢行４４０Ｍに乗れば17時17分に着く。それから米沢牛のステーキでも食べようか、と贅沢な思案をしているうちに、かみのやま温泉で降りてひと風呂浴びるプランを思いついてしまった。上山は、かつて地方競馬場があったので何度も訪れていたところ。しかし、「下大湯」という昔ながらの共同浴場には行ったことがない。ならばプランは決まった。山形駅のコンビニでタオルを購入し、４４０Ｍに乗り込んだ。すでにあたりは暗くなっている。

16時44分、かみのやま温泉着。コインロッカーにキャリーケースを預けて、町のまん中にある「下大湯」へ。無色透明の熱い湯に浸かって玉の汗を流した。

その後、夕食。駅東側の住宅街にたたずむ「イビサ」という洋食店に行った。上山競馬場があった頃はたびたび訪れていたが、今回は約10年ぶり。それでもマスターは覚えていてくれた。うれしい再会だった。注文したサーロインステーキ250gのセットは、米沢牛や山形牛ではないが、割安メニューで大満足。生ビールとグラスワインを付けて4000円でお釣りがきた。もちろん、同店には特選和牛ステーキのメニューもある。

こんな旅をしていては秋田中の選手たちに失礼、とは思ったものの、だからこそ大正の初めと今との違いが際立つはず、と勝手な言い訳。かみのやま温泉21時02分発の米沢行454Mがこの日最後に乗った列車だった。21時37分に米沢に着き、駅近くのホテルにチェックインする。一方、秋田中一行が乗った列車は、私が米沢に着いたのと同時刻に、山形の次の駅・金井（現・蔵王）を発車していた。出発からは6時間半。闇の中を走る列車に揺られて、彼らは眠りにつけたのだろうか？

2日目　米沢～藤沢

秋田中の足取りを〝追体験〟する普通列車の旅。実態は沿線のグルメ（と温泉）を楽しみながらそのルートをたどっているだけなのだが、２日目は〝あの場所〟へ寄り道することにしていた。

11月7日（火）。米沢8時08分発福島行４２２Ｍに乗るため、7時過ぎにホテルを出た。朝の腹ごしらえは駅舎内にある立ち食いそば店「鷹」で牛肉そば。店名が上杉鷹山《ようざん》にちなんでいるのは言うまでもないか……。ホテルから駅までは、傘をさしても濡れてしまうほどの雨に打たれた。天気予報では、この日の昼頃までに前線が北日本を通過、風雨が強くなるとのこと。前日の暖かさの〝反動〟だろうが、在来線の運行に影響が出るかもしれない。予定通りの乗り継ぎができるか、不安になった。

４２２Ｍは福島から来る４２７Ｍの折り返し電車で、案の定、それが9分遅れているという。米沢駅を出たのは4分遅れの8時12分だった。大沢、板谷、峠と、かつてはスイッチバックになっていた山奥の駅を越える。

電車は快調に走り、山形県から福島県へ。福島には定刻から2分遅れただけで、8時55分に着いた。秋田中一行が１９１５（大正４）年8月13日の深夜1時28分に到着した駅。

なかなか寝付けず、同駅の駅名表示板を見つめた選手もいたのではないか？

東口駅前に「栄冠は君に輝く」を作曲した古関裕而の像がある。古関は福島の出身。その生誕100周年を記念して建てられたものだ。それを写真に収めてホームに戻る。次の列車は9時36分発の東北本線郡山行1130M。ところが発車時刻を過ぎても動かない。大雨の影響で郡山近辺に運転を見合わせている区間があったからだ。天気予報は大当たり。とはいえ、新幹線の旅に切り替えるわけにもいかないので〝まな板の上の鯉〟だ。運を天に任せる。

9時50分、1130Mはようやく福島を発車。ひと安心していると、10時23分に着いた本宮で立往生してしまった。大雨のため同駅で運転を見合わせる、とのこと。付近の空は晴れているので、雨雲は通り過ぎている。そんなに長く待たされることはないと予想した。列車が動いたのは10時45分。ほぼ予想的中と言えるが、日和田と郡山の間で徐行運転したため、郡山には44分遅れて11時10分に到着した。

郡山からは10時52分発の新白河行2132Mに乗る予定だったが、その時刻は過ぎている。というのに、新白河から来て折り返し、2132Mになる電車はまだ郡山に着いていなかった。どうやら郡山の南で大雨が降ったらしい。結局、4番ホームにとまっていた電車が運転再開後最初の上り電車となり、11時47分に郡山を出発した。これが２１３２Ｍとして運行されたのなら55分遅れ。安積永盛までは徐行運転が行われ、新白河に着いたのは12時37分。２１３２Ｍの到着時刻からは１時間６分も遅くなった。

先に書いた〃あの場所〃への寄り道というのは、ここで降りて〃白河の関跡〃を見に行くこと。本書の冒頭に仙台育英の〃白河の関越え〃を書いたからには、それを見ておかなければ……。ただ、２晩目の泊まりは神奈川県藤沢のホテルを予定していた。宇都宮から先の電車の本数は増えるので、乗り継ぎはいかようにもできる。米沢をたって〃白河の関跡〃に立ち寄り、宇都宮に着くまでがこの日の〃勝負どころ〃。それが大雨の影響を受けている。

新白河駅前から〃関跡〃まではタクシーで行くしかない。路線バスもあるのだが、平日午後に運転されるのは通学用の２便だけ。それを待っていては日が暮れてしまう。この時、乗り場で待ち受けるタクシーが１台もなかったので、電話で呼びよせた。

同駅から約20分で〃関跡〃に到着。乗ってきた車を待たせて、急ぎ足で〃関跡〃の碑などを写真に収め、すぐ近くの白河神社では旅の無事を祈願した。深紅の大優勝旗を携え仙台育英一行が乗った東北新幹線の線路は、〃関跡〃のはるか西を通っている。その昔の〃みちのく〟への入口は私の他に訪れる人もなく、ひっそりとたたずんでいた。

〝関跡〟には10分ほど滞在して駅に引き返した。タクシー代は約9000円。贅沢な寄り道だった。

新白河駅に戻ってから昼食のはずだったが、電車の遅れで時間がなくなり、駅のコンビニでおにぎりを仕入れ、予定していた13時55分発黒磯行4136Mに乗車。しかしこれが、郡山から遅れてやって来る2136Mの接続待ちのため、定刻を過ぎても発車しない。大雨の影響は長引いていた。停車中におにぎりを2つ食べ終わり、4136Mは14時10分に出発した。

新白河から1つ目の白坂は福島県内最後の駅。2つ目の豊原の手前で栃木県に入る。東北本線の〝白河の関〟を越えた。雨上がりの青空がすがすがしい。

そうだ、秋田中のことを忘れていた。同校一行を乗せた列車は白河を3時57分に出て、4時41分に黒磯に着いている。夜明けはまだ先。東北から関東に入ったことを意識した選手はいなかっただろう。眠りについた選手の寝息が聞こえたような気がした。

4136Mは16分遅れて14時34分に黒磯に到着。乗り継ぎの宇都宮行666Mは14時45分発だ。予定では14時23分発の664Mに乗れるはずだったが、その1本後の電車ならば

“白河の関跡”。東北新幹線の線路はここから約10km離れたところを通っている（筆者撮影）

どうということはない。〝勝負どころ〟は乗り越えた。この日初めて乗れた定時運行列車は、15時38分に宇都宮に着いた。新白河停車中に食べたおにぎり2つでは物足りなかったので、西口の目の前にある「宇都宮餃子館」で餃子と生ビールを補給した。

宇都宮から藤沢へは、上野東京ラインの電車で直行できる。しかし、私が乗ったのは16時37分発の湘南新宿ライン経由逗子行快速4535Y。それにはわけがあった。第１章に書いたとおり、秋田中が大阪へ向かった1915（大正４）年当時、上野－秋葉原－東京間の鉄道は未開通。東北線と東海道線を乗り継ぐには、赤羽から池袋、新宿を通って品川に出なければならなかった。その跡をたどるため、4535Yを赤羽で降り、埼京線に乗り換えて大崎まで行き、山手線で品川へ、という旅程にしたのだ。

4535Yは18時01分に赤羽着。すぐに18時07分発の埼京線電車に乗り換え、18時33分大崎着。そこからは18時40分発の山手線内回り電車に乗れた。この日前半に比べて、黒磯以降は至って順調だ。

秋田中一行が乗った列車の赤羽着は8時11分。おそらくすべての選手が初めて大都会・東京の光景を目の当たりにしたはずだ。それはどのように映っていたのだろう？　大正初期の朝の赤羽駅はどんな様子だったのか？　空想は尽きることなく、私にとっては慣れっこになっているはずの夕方のラッシュが、いつもより気ぜわしく感じた。

大崎で山手線に乗った私は、宿泊地の藤沢を目指していたにもかかわらず、上野に向かった。夕方のラッシュ時に品川で東海道本線の電車に乗り換えても着席は難しい。上野まで行けば確実に座れる始発電車があった。

この旅のために購入したのは、秋田から大阪市内までの片道乗車券。これだけだと、品川−上野間が重複乗車になってしまう。そこで、赤羽で東北線から埼京線に乗り換える際にいったん改札を出て上野までの乗車券を購入。東京近郊区間内は一筆書きルートなら最短経路の乗車券で乗れるので、これを赤羽から新宿、品川回りの乗車に使い、秋田―大阪市内の片道乗車券は赤羽―田端―上野間を〝スルー〟する形にした。

上野には19時04分に到着。駅ナカにある洋食屋「たいめいけん」のハヤシライスをかき込んで、19時40分発小田原行１６４１Ｅに着席した。秋田中は１９１５（大正４）年８月13日の朝に赤羽に着き、池袋、新宿回りで東海道線の乗車駅を目指した。私がそうしたように、座席を確保するなら列車の始発駅から乗ったほうがいい。一行は東海道線岡山行13列車で大阪に向かったが、それには11時15分発の東京から乗り込んだと考えるのが妥当だ。

１６４１Ｅは定刻の20時34分に藤沢着。駅南口のホテルに身を休めた。

3日目　藤沢〜大阪

明けて11月８日（水）。秋田中の大阪遠征を追体験する旅は最終日を迎えた。終着の大阪を目指し、藤沢５時49分発の小田原行７２５Ｍに乗車した。これを６時14分着（時刻表の表記は発車時刻）の国府津で降り、同６時35分発の御殿場線経由静岡行２７４５Ｍに乗り換える。熱海―函南間の丹那トンネルは１９３４（昭和９）年に開通。それまでは今の御殿場線が東海道本線だった。大正時代に秋田中が乗った13列車も御殿場経由。それを〝追体験〟するなら、御殿場線に乗らなければならない。ここからJR東海エリアに入った。

しばらくの間、進行方向左手に富士山が見える。その姿は早朝の朝日を受けて輝いていた。秋田中一行を乗せた13列車は13時50分に国府津に着き、山越えの補機機関車を繋いで13時54分に同駅を発車している。当日の天気は不明だが、晴れていたと思いたい。彼らにとっては、日本一の秀峰を眺められる初めてのチャンスだったのだから。いや、当時は高い建物がなかったので、もし晴れていたらもっと手前から富士山が見えていたかもしれない。その頃、車窓から富士山が見えた〝北限〟や〝東限〟はどのあたりだったのだろう？

やがて富士山は車窓の右手に見えるようになり、御殿場を過ぎる。朝のラッシュ時間帯が到来し、電車の混雑度が急上昇。駅で交換する上り電車もかなり混み合っている。

8時01分に沼津着。国府津からの所要時間は1時間26分だった。秋田中一行が利用した13列車は、この区間を走り抜けるのに約2時間半を要していた。当時あった途中駅は松田、山北、駿河（現・駿河小山）、御殿場、裾野、三島（現・下土狩）の6駅で、今（17駅）の約3分の1。１００年あまりの時を経て、鉄道が大きな進歩を遂げたことを実感する。

乗り継ぎの合間に、３、４番ホームにある立ち食いそばの「桃中軒」で遅い朝食。海老と野菜のかき揚げそばで空腹を満たし、８時44分発の９４５Ｍに乗車した。これは三島始発の豊橋行。１６７・４km（営業キロ）を乗り換えなしで運んでくれる。

　秋田中一行が乗った13列車は沼津16時28分発で豊橋着は21時18分。一方、９４５Ｍは11時36分に着く。この区間では所要時間が２時間も短くなっている。そのおかげで、豊橋で昼食。東口を出て左手すぐのところにある「一福食堂」で、うな重を奮発した。一匹分の蒲焼きが乗って肝吸い付き３１００円は安い。気を良くして、駅ナカの「ボンとらや」で豊橋市民の定番おやつ、〝ピレーネ〟を買ってしまった。

　豊橋からの列車は、12時32分発の大垣行快速２５２１Ｆ。しかしこれが、先行列車遅れの影響を受けてしまう。大垣着は４分遅れの14時06分。跨線橋を渡る乗り継ぎの間にトイレを済ませ、14時10分発の米原行２３１Ｆに乗車。でも、駆け込みではなかったのでご心配なく。

　秋田中がこのあたりを通過したのは深夜だった。名古屋発が23時24分で、一ノ宮（現・尾張一宮）発が23時55分、次の木曽川は０時05分発となっている。一ノ宮を出た後に日付けが変わり、その旅は秋田を出てから３日目に入ったわけだ。岐阜、大垣の停車や発車に気づいていた選手は何人いただろう？

２３１Ｆは14時45分に米原に着いた。ここからＪＲ西日本の〝琵琶湖線〟に乗れば大阪まで乗り換える必要はない。つまり、この旅の最後の列車に乗車するのだ。ゴールはすぐそこにある。２３１Ｆが到着したホームの反対側に、今回の旅を締めくくる14時50分発姫路行新快速３４８３Ｍが待ち構えていた。これに乗れば、16時13分に旅の目的地大阪に着く、はずだった。

ところがこの日、ＪＲ〝神戸線〟内で人身事故があり、米原からの〝琵琶湖線〟ダイヤは大幅に乱れていた。３４８３Ｍの次に米原を出る網干行快速７９５Ｔは運休。その代わり、３４８３Ｍは野洲まで各駅停車で運転されることになり、５分遅れて14時55分に米原を発車した。

この時間に発車してくれれば、今後遅れがさらに広がっても、東京に帰るための飛行機（大阪・伊丹20時20分発）には間に合うだろう。途中でさらなるアクシデントが起きないことを願いながら、移り変わる車窓の景色を眺めた。

３４８３Ｍは10分ほどの遅れを保ちながら15時44分に大津を発車した。大津の１つ手前、膳所から京都までの間は、１９１５（大正４）年に秋田中一行が13列車で通ったのとは違うルートを走る。１９２１（大正10）年7月までの東海道線は現在よりずっと南を〝蛇行〟

し、今の奈良線稲荷駅から京都に達していた。大津から先の旧線跡は、大部分が名神高速道路に生まれ変わっている。秋田中の旅を〝追体験〟するならそこを通らなければならないのかもしれないが、鉄道利用が〝基本方針〟なので３４８３Ｍで先に進んだ。

15時54分、11分遅れで京都着。貨物列車を先に行かせるため同駅で10分停車した。その後も特急「はるか」を先行させる際の信号待ちで遅れが広がったものの、16時44分に大阪に着いた。31分遅れの到着。秋田からは54時間19分、19本の列車を乗り継ぐ旅が終わった。

秋田中は１９１５（大正４）年８月14日５時14分に大阪に着いた。当日の大阪の気温は最低が25・０度で最高が31・０度。車中２泊、38時間の長旅を終えた彼らに、その暑さはこたえただろう。初めて降り立った大阪の地は、まるで異国のように感じたに違いない。それでも彼らは、第１回全国中等学校優勝野球大会で準優勝という立派な成績を残した。頭が下がる。

私の旅は秋田中の旅に比べたら、時間はかかったものの、はるかに快適だった。〝孤独の打上げグルメ〟は阪神名物の〝イカ焼き〟と生ビール。無事に旅を終えられたことに感謝した。

秋田中（全駅）		追体験（現駅名）	
		上野	19:40 始
東京	11:15		19:47
新橋	11:24		19:51
品川	11:37		19:57
大森	11:47		レ
蒲田	レ		レ
川崎	レ		20:06
鶴見	レ		レ
東神奈川	12:11		レ
神奈川	レ		廃止
横浜	‖	桜木町	‖
平沼	12:22	横浜	20:15
程ヶ谷	レ	保土ケ谷	レ
戸塚	レ		20:24
大船着	12:52		20:29
大船発	12:55		20:30
藤沢着			20:34
藤沢発	13:03		5:49
茅ケ崎	13:14		5:56
平塚	13:26		6:01
大磯	13:34		6:05
二宮	13:43		6:09
国府津着	13:50		6:14
国府津発	13:54		6:35 始
松田	14:13		6:50
山北	14:30		7:00
駿河	14:55	駿河小山	7:10
御殿場	15:37		7:25
裾野	16:02		7:45
三島着	16:11	下土狩着	
三島発	16:12	下土狩発	7:53
沼津着			8:01 止
沼津発	16:28		8:44 始
原	16:40		8:52
鈴川	16:51	吉原	8:59
富士着	16:59		9:03
富士発	17:01		9:03
岩淵	17:11	富士川	9:07
蒲原	17:20		9:13
興津	17:34		9:22
江尻	17:43	清水	9:26
静岡	18:02		9:42
用宗	18:14		9:49
焼津	18:26		9:55
藤枝	18:37		10:01
島田	18:49		10:09
金谷	19:00		10:13
堀ノ内	19:15	菊川	10:21
掛川	19:27		10:27
袋井	19:40		10:35
中泉	19:52	磐田	10:42
天竜川	20:05		10:49
浜松	20:18		11:02
舞坂	20:35	舞阪	11:11
弁天島	20:40		11:14

秋田中（全駅）		追体験（現駅名）	
新居町	20:45		11:18
鷲津	20:52		11:22
二川	21:07		11:31
豊橋着	21:18		11:36 止
豊橋発	21:21		12:32 始
御油	21:34	愛知御津	レ
蒲郡	21:48		12:44
幸田	22:01		12:50
岡崎	22:13		12:55
安城	22:25		13:01
苅谷	22:37	刈谷	13:07
大府着	22:44		13:11
大府発	22:45		13:11
大高	22:56		レ
熱田	23:07		レ
名古屋着	23:15		13:28
名古屋発	23:24		13:30
枇杷島	23:34		レ
稲沢	23:45		レ
尾張一ノ宮	23:55	尾張一宮	13:41
木曽川	0:05		レ
岐阜	0:20		13:49
穂積	レ		13:56
大垣着			14:02 止
大垣発	0;46		14:10 始
垂井	レ		14:18
関ケ原	レ		14:24
柏原	レ		14:31
近江長岡	レ		14:36
醒ケ井	レ		14:40
米原着	1:47		14:45 止
米原発	2:00		14:50
彦根着	2:10		
彦根発	2:11		14:55
河瀬	レ		レ
能登川	2:32		15:03
安土	レ		レ
八幡	2:46	近江八幡	15:09
野洲	レ		15:15
守山	レ		15:18
草津着	3:10		15:22
草津発	3:11		15:22
石山	レ		15:30
大津	3:34	膳所	レ
		大津	15:34
大谷	レ		‖
山科	レ		15:38
稲荷	4:03		‖
京都	4:18		15:45
向日町	レ		レ
山崎	レ		レ
高槻	レ		15:58
茨木	レ		レ
吹田	レ		レ
大阪着	5:14		16:13

■1915（大正4）年第1回中等学校優勝野球大会出場時秋田中利用列車時刻表と2023（令和5）年同追体験旅行利用列車時刻表（定時ダイヤ）

秋田中（全駅）		追体験（現駅名）	
秋田	15:02		10:25
和田	15:21		10:38
境	15:44	羽後境	10:50
刈和野	16:02		11:01
神宮寺	16:14		11:08
大曲	16:24		11:14
飯詰	16:35		11:21
横手	17:00		11:34
十文字	17:18		11:46
湯沢	17:30		11:54
横堀	17:50		12:06
院内	18:00		12:11
及位	18:22		12:19
釜淵	18:40		12:32
新町	18:56	真室川	12:40
泉田	19:15		12:50
新庄着	19:24		12:55 止
新庄発	19:30		14:19 始
舟形	19:44		14:26
大石田	20:11		14:39
楯岡	20:32	村山	14:51
東根	20:38		14:55
神町	20:48		15:04
天童	20:58		15:11
漆山	21:07		15:20
山形着			15:32 止
山形発	21:25		16:31 始
金井	21:37	蔵王	16:36
上ノ山着		かみのやま温泉着	16:44
上ノ山発	21:52	かみのやま温泉発	21:02
中川	22:13		21:11
赤湯着	22:27		21:19
赤湯発	22:28		21:19
糠ノ目	22:38	高畠	21:25
米沢着			21:37 止
米沢発	23:00		8:08 始
関根	23:13		8:13
大沢	23:37		8:20
峠	0:03		8:26
板谷	0:17		8:31
赤岩	0:44		廃止
庭坂	1:14		8:45
福島着	1:28		8:53 止
福島発	1:43		9:36 始
金谷川	レ		9:46
松川	2:09		9:52
二本松	2:23		10:01
本宮	2:38		10:10
日和田	レ		10:19
郡山着	2:57		10:26 止
郡山発	3:02		10:52 始
笹川	レ	安積永盛	10:57
須賀川	3:18		11:02
鏡石	レ		11:08
矢吹	3:34		11:13
泉崎	レ		11:18
白河着	3:54		11:27
白河発	3:57		11:27
		新白河着	11:31 止
		新白河発	13:55 始
豊原	レ		14:04
黒田原	4:14		14:09
黒磯着	4:41		14:18 止
黒磯発	4:47		14:45 始
東那須野	レ	那須塩原	14:51
西那須野	5:00		14:56
野崎	レ		15:01
矢板	5:13		15:06
片岡	レ		15:11
氏家	5:30		15:20
宝積寺	5:39		15:25
岡本	レ		15:31
宇都宮着	5:53		15:38 止
宇都宮発	6:00		16:37 始
雀宮	レ		16:44
石橋	レ		16:49
小金井	レ		16:57
小山着	6:30		17:03
小山発	6:33		17:04
間々田	レ		レ
古河	6:54		17:15
栗橋	7:05		レ
久喜	7:17		17:27
白岡	レ		レ
蓮田	7:31		17:35
大宮着	7:43		17:43
大宮発	7:46		17:44
浦和	7:56		17:51
赤羽着	8:11		18:01
赤羽発	8:13		18:07

懐かしの甲子園応援団輸送臨時列車～その2～

『鉄道ダイヤ情報・1998年10月号』（交通新聞社刊）に「応援団輸送臨時列車　設定から運転までのすべて」という記事が掲載された。同年夏の第80回選手権記念大会に伴って運行されたすべての臨時列車の全容を、図表や写真を使って詳報したボリュームのある記事だ。

臨時列車の運転日は、当然ながら試合の日程によって左右される。〝初戦〟の相手と日取りを決める組み合わせ抽選会が行われるのは開幕の2日前。なので、最短で2日後の試合に間に合わせるため、翌日中には列車を動かさなければならない。加えて、当時の夏の大会は、1回戦から準決勝まで、その都度組み合わせ抽選を行うことを〝売り物〟にしていた。したがって、大会が先に進むにつれ、試合日程が決まったその日のうちに翌日の試合に向けた臨時列車を出発させる必要も生じてくる。

そんな究極の〝短期決戦〟は、一筋縄で収まるものではなかった。記事には、「夏の大会の甲子園応援団輸送臨時列車は、毎年、お盆輸送のピーク時を中心に設定しなければならず、数多くの電車・機関車・客車の捻出をしなければならない。場合によっては周辺の数支社から数両の客車を寄せ集めて編成を組成すること」もあったとか、「（列車の）乗務員は勤務時間の制限や担当線区が決まっているために、運転士・車掌の手配も並大抵ではない」とか、さまざまな苦労話が書かれていた。

臨時列車用の車両をやり繰りするには、それらを回送する列車のダイヤ設定と乗務員の確保も必要だ。また、東北本線や常磐線の駅から大阪駅に至る直通臨時電車を運行する場合、ふだんは直流電車しか走らない東海道本線に交直流両用電車を通さなければならない。しかし、東海道本線内を乗務区間としながら、その電車も動かせる〝二刀流〟の運転士の数は限られている。さらに、国鉄は分割民営化され、多くの臨時列車の運行はＪＲ各社の〝境界〟をまたぐことになる。それやこれやを含め、解消すべき難題は数えきれず、調整が大変だったというのは想像に難くない。そんな〝苦難〟を乗り越え、せっかく組んだ臨時列車のダイヤが、雨による試合中止、順延のせいで幻に終わることもしばしばあった。それらを事細かに伝えている『鉄道ダイヤ情報』の記事は、〝ＪＲ版・熱闘甲子園〟と言ってもいいだろう。

おそらくこの頃が、甲子園応援団専用臨時列車の黄金期だったと思われる。しかし、新幹線網の拡充により並行在来線が第３セクターの運営に委ねられ、地方と大阪とを結ぶ直通列車の運行が困難になるにつれ、甲子園応援列車はその数を減らしていった。高速道路網の充実や車両の更新でバスが巻き返し、飛行機の利用が進んだことも〝逆風〟となったようだ。

２０１５（平成27）年に旧新橋停車場鉄道歴史展示室で開催された『第37回企画展・野球と鉄道：図録』によれば、同年３月14日のダイヤ改正で甲子園応援列車の運転がすべて終了したという。最後の列車は、２０１４（平成26）年夏、第96回選手権大会に秋田・角館《かくのだて》が出場した際、ＪＲ東日本秋田支社の企画で運行されたものだったそうだ。スケジュールは、８月15日（金）横手13時47分発、大曲14時21分発、秋田15時21分発、16日（土）大阪６時18分着。同日第４試合（15時30分試合開始予定）の角館対鳥取・八頭《やず》戦を観戦。大阪駅集合19時40分、同20時25分発、17日（日）秋田９時21分着、大曲10時38分着、横手11時07分着。いわゆる〝日本海縦貫線〟を通る列車だが、田沢湖線沿線にある角館の応援団向けに、奥羽線横手－秋田間がプラスされ、定期列車にはないルートで運行された。これには５８３系電車が使われたが、寝台はセットされず、座席車利用による〝弾丸ツアー〟だった。この列車を最後に、甲子園応援臨時列車は過去のものとなった。

特別付録

インタビュー

太田幸司氏が語る
甲子園遠征の思い出

1969（昭和44）年夏、第51回全国高等学校野球選手権大会での青森・三沢の快進撃は当時のファンを熱狂させ、エースの太田幸司さんは〝元祖・甲子園のアイドル〟と言われるほどの人気を集めた。本文にも書いたが、太田さんを擁する同校は前年夏から〝3大会〟連続で甲子園に出場。その都度、鉄道（とバス）を使って青森と関西の間を往復した。前年大会後の1968（昭和43）年10月には、国鉄が〝ヨン・サン・トオ〟と称される白紙ダイヤ大改正を実施。三沢の甲子園遠征はこれをはさんで行われたことになる。選手たちは鉄道史転換期の〝旅〟を経験したわけだ。

2023（令和5）年9月、阪急宝塚駅前のホテルで太田さんにお目にかかり、当時のことをお伺いした。太田さんいわく、「鉄道がらみのインタビューを受けるのはこれが初めてですよ」。それは間違いない。

矢野：新聞によれば、2年夏は青森から急行「八甲田」、3年の春と夏は三沢から急行「十和田」で出発したそうですが？

太田：それが、よく覚えていないんですよ。ずいぶん前の話ですからねぇ。毎回、三沢から行ったんじゃなかったんですね。

矢野：行きの急行は寝台ではなく座席でしたか？

太田：そうです。それは覚えています。座席だったから、というのではなく、とにかく楽しくて楽しくて寝られなかった。修学旅行みたいでした。

東北大会の移動はほとんどバス。夜行列車や新幹線を利用して遠くへ行ったのは2年の時の甲子園遠征が初めて。甲子園に出る、と決まった瞬間でもう目標達成ですよ。当時のチームは3年生が4人で、そのうち試合に出ているのが2人。あとの7人が僕ら下級生だった。まさかこのチームで、というのがあったから余計にうれしくてね。だから「甲子園へ行って楽しくやろう」という気持ちが強かった。「甲子園で頑張るぞ」というより、これからどういうことが待ち受けているのか、ワクワクドキドキでした。

矢野：夜行列車の中でも寝てる場合じゃなかった？

太田：もう寝てなんかいられませんよ（笑）。

矢野：上野からは山手線で東京に行って、それから新幹線ですね？

太田：えぇ、朝早く（上野に）着いて、朝食食べて時間があったからプラプラして。新幹線に乗るのが楽しみでしたねぇ。2年の夏に甲子園に出るまでは、「死ぬまで新幹線なんか乗らないだろう」と思っていましたから。僕らの感覚にあるのは関東まで。就職でも関西に行くなんて聞いたことなかったから、関西はちょっと違うところという感覚がありました。新幹線に乗って富士山を見て感動しました。

矢野：初めて新大阪に降り立った時は？

太田：「暑い暑い」と聞いてはいましたよ。新幹線の中はクーラーがガンガン効いていて、それで新大阪に着いたら「うわ〜」。あの暑さは今でも忘れられない。今のほうがずっと暑いんでしょうけど、もっとすごく感じました。「これがみんなが言う暑さか」と。サウナの中に入っているみたいでしたね。

矢野：太田さんが2年生の時、昭和43年10月にダイヤ改正が行われました。話が前後しますが、その年8月の時点では東北線が電化されていませんでした。急行「八甲田」は蒸気機関車が引っ張っていましたか？

太田：それもよく覚えていないんです。でもね、親父の実家が弘前なんですよ。小さい時には毎年、〝さくらまつり〟に国鉄に乗って行っていて、トンネルに入るたびに「窓、閉めろー」と言っていた覚えがあります。それが蒸気機関車の思い出かな。三沢から十和田までの十和田電鉄にも何回か乗りましたよ。

矢野：2年夏の帰りは、新幹線で東京まで帰ってきて1泊した後、バスで帰ったようですが？

太田：へぇ、そうでしたか？　全然覚えていないなぁ。1泊したのは、お世話になったところに挨拶に行くためです。

矢野：バスで帰ったとすれば大変だったと思います。東北自動車道がない時代なので。

太田：まぁ、応援団は大変だったでしょ。みんなでバスで大阪まで行って帰ったわけですから。日本海沿いを通ったりしてね。最後の夏なんか、応援団はいったん三沢に帰ったけど、「また勝った！」と言ってまた来て、今はもうない大衆温泉に泊まったりしていました。僕らの宿舎は武庫川の反対側（右岸）をちょっと下ったところにあったんです。ここ（宝塚）は第2の故郷みたいなものですね。昔はその旅館のあたりから水がもっとあって、魚は釣れなかったけど魚釣りをしていました

1968（昭和43）年8月6日　目時駅付近で行われた東北本線複線締結式

1968（昭和43）年10月のダイヤ改正により上野—青森間を結ぶ特急「はつかり」（写真上）と上野—仙台間を結ぶ特急「ひばり」の所要時間が大幅に短縮された

（笑）。2年の時はそのへんをプラプラしていたんですけど、3年のときは監禁状態。外に出られなくなりました。「ワーワー、ワーワー」、まわりが言っていましたからね。

矢野：その3年の夏は準優勝して、太田さんは高校選抜チームに加わったんですよね？

太田：東京で合宿して、そこから人生初の飛行機で人生初の海外。飛行機も死ぬまで乗ることないと思っていました。

矢野：チームメイトは特急「日本海」で帰ったそうですが？

太田：帰って青森駅からパレード。僕と桃井、八重沢の3人は1カ月くらいブラジル遠征。帰ってきたら新学期が始まっていました。東京から帰って、八戸からパレードをもう一回やったんです。僕ら3人は八戸駅近くなったら列車の中でユニフォームに着替えて、着いてから他のメンバーと合流しました。八戸から三沢まで、（準優勝から）1カ月経っているのに沿道に人が絶えなかったですね。

矢野：先に帰った方々は青森で降りて県知事の出迎えを受け、それから三沢までパレードしました。

太田：テレビのニュースで見て「やってる、やってる」と思いました。八戸から三沢なんて、まぁそんな遠くない。青森から三沢なんてどんなだったか、見たかったなぁ。

矢野：それから長崎の国体がありました。

太田：まだ山陽新幹線がなかったから、夜行を乗り継いではるばる長崎まで行きました。

矢野：プロ入り後の移動もだいたい鉄道ですよね？

太田：そうですね。今は荷物は車で先に運んでいますが、あの頃はそれがないので、「東京へ行きます」となったら若い順に荷物持ち。僕は高卒1年目から1軍だったか

当時の思い出を語ってくださった太田幸司さん。2023年9月宝塚にて

ら、暑い中、バッティング用のボールとかキャッチャー用具とかを担いで、駅に着いたら「キャーキャー」言われて大変（笑）。年下が入ってきたら譲っていくんですけど、3年くらい後輩が入ってこなかった。だからそんなことがずっと続いたんです。そうそう、山陽新幹線の思い出もありますよ。オープン戦を岡山でやった時、ノックアウトされて「できたての新幹線乗って帰れ」と言われました（苦笑）。

矢野：甲子園に行って、東京で合宿してブラジルに行って、三沢に帰ってパレードして、長崎に行って。いろいろなところに行きましたね？

太田：そういう意味では鉄道は僕らの野球には切っても切れないものですね。3年になったら慣れてきて、車内でトランプをやったり。車両はほとんど貸し切りみたいなもの。ホントに楽しかったなぁ。

太田さんの心の中には、夜行列車や新幹線に乗って甲子園や長崎へ遠征した時のことが、楽しい思い出として残っている。そう感じて、ちょっとうれしくなった。

あとがき

私がアナウンサーになれたのは、高校野球のおかげだ。

スポーツアナウンサーを志すようになったのは小学生高学年の頃。高校では放送部、大学ではアナウンス研究会に入った。大学3年生の夏、「社会人になったら長い旅行はできないだろう」と思い、北海道を鉄道で巡る旅を計画した。当時、道内には札幌と釧路、網走、稚内を結ぶ夜行急行列車が走っていた。これらをひと晩おきに利用して宿代を節約しながら、阿寒湖や知床、宗谷岬などを回るプランだった。

しかし、その出発間際、道内各地が集中豪雨に見舞われ、国鉄各線が寸断されてしまった。予定通りの旅行ができなくなり、周遊券から何からすべてをキャンセル。払い戻された旅費を元手に、甲子園の高校野球観戦に出かけた。それが、1981（昭和56）年の「第63回全国高等学校野球選手権大会」だった。

「せっかくだから試合を実況して録音しておこう」。カセットテープレコーダーを膝の上に置き、その上にスコアブック、右手にペン、左手にマイクという格好で、甲子園のスタンドの中、〝1人喋り〟を続けた。前に座る子どもたちから「それ、趣味?」と言われたこともあった。

そうして録音した試合の1つが、報徳学園対京都商業の決勝戦。金村義明が優勝投手となった試合だ。その後、文化放送の局アナになっていたアナウンス研究会の先輩から、われわれの仲間に向けて「アナウンサー志望の者はニュースでもDJでもいいから、得意なものを録音して持ってくるように」とのお達しがきた。もちろん私は、高校野球決勝戦のテープを提出。するとそれが評価され、めでたく同社に採用されることとなったのだ。そのテープがなかったら、今の私は存在していなかったと思う。

1976(昭和51)年夏の第58回選手権大会を初めて見に行って以来、何回かのブランクはあったものの、甲子園球場で大会を観戦することは、年中行事の1つになっている。かつては東京からの往復に新幹線や急行「銀河」などを利用していたが、最近では〝マイル〟と搭乗回数を稼ぐために飛行機を使うことが多くなった。それでも、大阪市内に宿を取り、阪神電車は欠かさず利用している。

私が初めて行った頃は球場の規模のわりに小さく感じた甲子園駅も、スタイリッシュな大屋根をかぶった今どきの駅に生まれ変わった。そこを走る電車も、いわゆる〝赤銅車〟

と〝青銅車〟しかなかったのが、今や新型車に加え、山陽電車、近鉄電車が乗り入れ、バラエティに富んだラインアップになった。そう言えば、かつてライバルだった阪神と阪急は同じ資本グループに入った。近鉄電車が阪神の線路に入ってきたのは〝画期的〟だったが、阪神と阪急が一緒になったのはもっと〝画期的〟。とはいえ、両社は高校野球という〝接点〟を持っている。阪神甲子園球場と阪急西宮球場で夏の大会を共同開催したこともあったのだ。

近年、甲子園球場もリニューアルされた。それに伴い、名物の蔦は一時見られなくなっていたが、今は再び球場の外壁を覆い始めた。時は流れている。

高校野球の開催を揺るがせた新型コロナの大流行はほぼ収まった。と思ったら、今度は夏の猛暑だ。選手権大会の従来どおりの開催を脅かし、選手の健康を考慮するなら直ちに大会を廃止せよ、という極端な声が上がるまでになった。日本の少子化も、高校野球にとって憂慮しなければならない問題だろう。

そもそもすべてのスポーツイベントの開催は、社会情勢を含めた時代や環境の変化に影響を受けるものだ。高校野球も例外ではない。今後の時の流れにあわせ、その〝形〟をどう変化させなければならないか、どう変わっていってしまうのか、答えはすぐには見出せないし、先行きを容易に見通すこともできない。

それは、鉄道の将来についても言えることだと思う。しかし、ここまで深くわれわれの営みに根付いたものが、そう簡単に消えてなくなることはないはず。そして高校野球も、100年を超える歴史を積み重ね、日本の文化の中に確かな根を下ろした。その存在は、100年にわたって堂々たる姿を保ち続けている阪神甲子園球場と同様、揺るぎないものになったと信じている。高校野球は、これから先もずっと、野球好きを熱くさせてくれるに違いない。

都道府県	本文中に記載の学校名	現在の学校名
愛知	豊橋中	愛知県立時習館高等学校
三重	富田中	三重県立四日市高等学校
三重	山田中（正式名：三重四中）	三重県立宇治山田高等学校
京都	京都二中	京都府立鳥羽高等学校
京都	立命館中	立命館高等学校
大阪	市岡中	大阪府立市岡高等学校
大阪	北野中学	大阪府立北野高等学校
大阪	浪華商業	大阪体育大学浪商高等学校
兵庫	明石中	兵庫県立明石高等学校
兵庫	芦屋中	兵庫県立芦屋高等学校
兵庫	神戸一中	兵庫県立神戸高等学校
兵庫	神戸二中	兵庫県立兵庫高等学校
兵庫	甲陽中	甲陽学院高等学校
兵庫	滝川中	滝川高等学校
和歌山	海草中	和歌山県立向陽高等学校
和歌山	和歌山中	和歌山県立桐蔭高等学校
鳥取	鳥取中	鳥取県立鳥取西高等学校
島根	杵築中	島根県立大社高等学校
広島	広島中	広島県立広島国泰寺高等学校
香川	高松中	香川県立高松高等学校
高知	城東中	高知県立高知追手前高等学校
福岡	小倉中	福岡県立小倉高等学校

■本書に記載した中等学校名と現在の学校名

都道府県	本文中に記載の学校名	現在の学校名
北海道	札幌商業	北海学園札幌高等学校
北海道	北海中	北海高等学校
北海道	函館中	北海道函館中部高等学校
岩手	福岡中	岩手県立福岡高等学校
宮城	仙台一中	宮城県仙台第一高等学校
秋田	秋田中	秋田県立秋田高等学校
秋田	秋田農業	秋田県立大曲農業高等学校
秋田	横手中	秋田県立横手高等学校
山形	山形中	山形県立山形東高等学校
埼玉	浦和中	埼玉県立浦和高等学校
千葉	成田中	成田高等学校
東京	東京高等師範附属中	筑波大学附属高等学校
東京	日大三中	日本大学第三高等学校
新潟	長岡中	新潟県立長岡高等学校
福井	敦賀商業	福井県立敦賀高等学校
長野	松本市立中	長野県松本美須々ヶ丘高等学校
岐阜	斐太中	岐阜県立斐太高等学校
愛知	愛知一中	愛知県立旭丘高等学校
愛知	一宮中	愛知県立一宮高等学校
愛知	享栄商業	享栄高等学校
愛知	津島中	愛知県立津島高等学校
愛知	東邦商業	東邦高等学校

【本文に出典を明記した以外の主な参考文献】順不同

『総合時間表』『大時刻表』（弘済出版社）
『交通公社の時刻表』（日本交通公社）
『汽車汽船旅行案内』（庚寅新誌社）
『公認汽車汽船旅行案内』（旅行案内社）
『汽車時間表』（日本旅行協会）
『時刻表復刻版・鉄道運輸年表』大久保邦彦・三宅俊彦（日本交通公社）
『復刻版明治大正時刻表』（新人物往来社）
『復刻版明治大正鐵道省列車時刻表』（新人物往来社）
その他時刻表各種（鉄道博物館所蔵）
『三井住友トラスト不動産ホームページ・このまちアーカイブス』
『戦前期における電鉄会社系野球場と野球界の変容』坂井康広（『スポーツ社会学研究１２号』日本スポーツ社会学会編に掲載）
『一九一五年夏第一回全国高校野球大会—幻のグラウンドの第一号アスリートたち』坂夏樹（さくら舎）
『電鉄は聖地をめざす：都市と鉄道の日本近代史』鈴木勇一郎（講談社選書メチエ）
『愛知県の高校野球１００年の歩み』（愛知県高等学校野球連盟）
『王貞治の甲子園：昭和３１年—昭和３３年早稲田実業学校野球部戦記』塩澤幸登（茉莉花社）
『特急物語：東海道線の今昔』交通協力会交通新聞編集局編（交通協力会）
『鉄道停車場一覧・大正六年三月三十一日現在』（鐵道院）

矢野吉彦（やのよしひこ）
フリーアナウンサー。1960年生まれ。早稲田大学第一文学部卒。1983年に文化放送に入社し、主にスポーツ中継を担当。1989年からフリーに。競馬、プロ野球、社会人野球、高校野球地方大会、メジャーリーグ、バドミントン、アメリカンフットボール、Jリーグなどのスポーツ実況を担当。交通新聞社新書『競馬と鉄道』で2018年度ＪＲＡ賞馬事文化賞を受賞。

交通新聞社新書175
高校野球と鉄道
100年を超える関係史をひもとく
（定価はカバーに表示してあります）

2024年2月15日　第1刷発行

著　者――矢野吉彦
発行人――伊藤嘉道
発行所――株式会社交通新聞社
https://www.kotsu.co.jp/
〒101-0062　東京都千代田区神田駿河台2-3-11
電話　(03) 6831-6560（編集）
(03) 6831-6622（販売）

カバーデザイン―アルビレオ
印刷・製本―大日本印刷株式会社

ISBN 978-4-330-00924-7